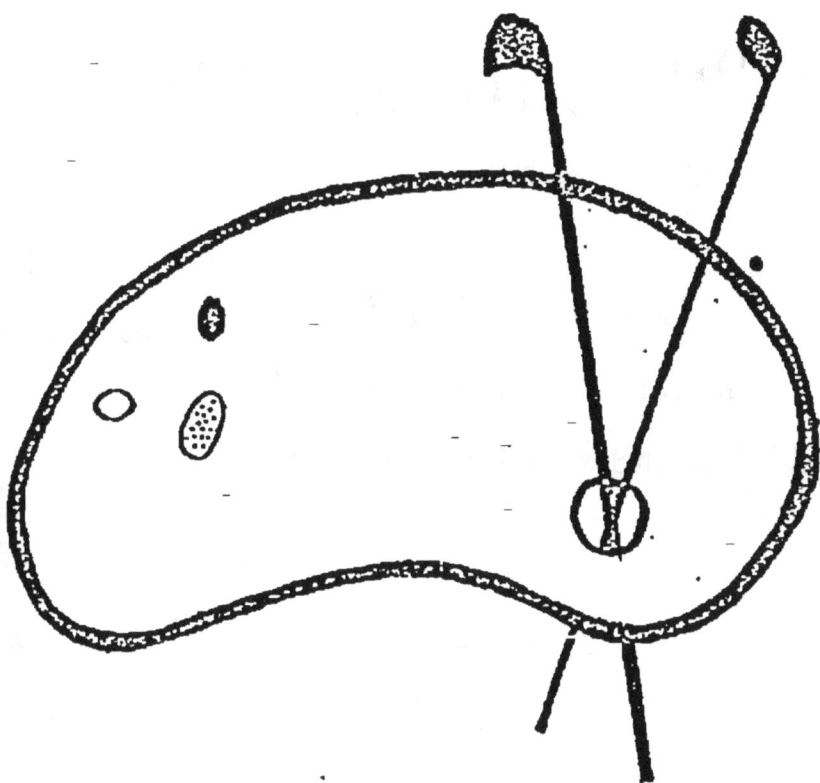

Dʳ E. DUPOUY

PSYCHOLOGIE MORBIDE

DES VÉSANIES RELIGIEUSES
ERREURS, CROYANCES FIXES
HALLUCINATIONS & SUGGESTIONS COLLECTIVES

PARIS
LIBRAIRIE DES SCIENCES PSYCHIQUES
ÉDITEUR : Paul LEYMARIE
42, RUE SAINT-JACQUES, 42

1907

A LA MÊME LIBRAIRIE

SAINT-AMAND, CHER. — IMPRIMERIE BUSSIÈRE

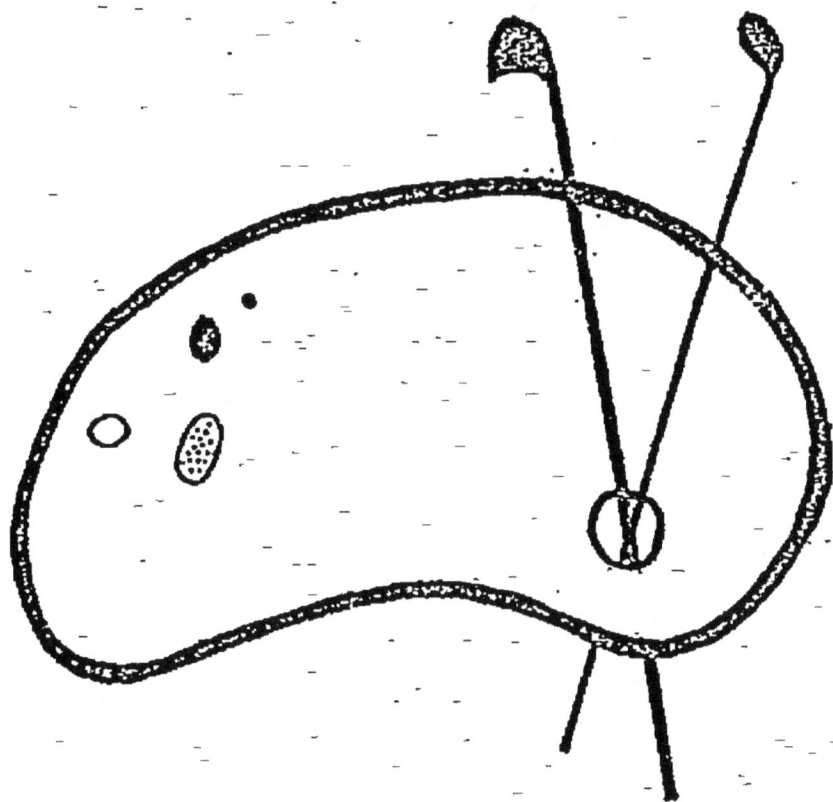

FIN D'UNE SERIE DE DOCUMENTS
EN COULEUR

PSYCHOLOGIE MORBIDE

86
d.
916

OUVRAGES DU DOCTEUR E. DUPOUY

La Folie et les Névroses diathésiques. Mémoire couronné : Prix Esquirol 1865.

Les Attaques épileptiformes de la paralysie générale. Mémoire couronné : Prix Aubanel 1868.

Médecine et Mœurs de la Rome antique, d'après les poètes latins. 1 vol. in-18 jésus de 450 pages, 1885. Ouvrage couronné. 2e édition.

La Prostitution dans l'antiquité dans ses rapports avec les maladies vénériennes. Étude d'hygiène sociale. 1 vol. in-18 avec figures (*Société d'éditions scientifiques*). 5e édition. 1906.

Le Moyen-Age médical. 1 vol. in-18 jésus, 1895. 2e édition. (*Société d'éditions scientifiques*).

Les Sciences occultes et la Physiologie psychique expérimentale. 1 vol. in-18 jésus. 2e édition (*Flammarion, éditeur*).

Psychologie morbide, 1 vol. in-16 (*Leymarie, éditeur*).

Dr E. DUPOUY

PSYCHOLOGIE MORBIDE

DES VÉSANIES RELIGIEUSES
ERREURS, CROYANCES FIXES
HALLUCINATIONS & SUGGESTIONS COLLECTIVES

PARIS

LIBRAIRIE DES SCIENCES PSYCHIQUES
ÉDITEUR : Paul LEYMARIE
42, RUE SAINT-JACQUES, 42

1907

A LA MÉMOIRE DE MON SAVANT MAITRE

LE Dr CALMEIL

Médecin en chef de Charenton

Dr DUPOUY.

PRÉFACE

—

Nos anciennes conceptions sur la force et la matière subissent, depuis quelques années, des modifications radicales, en raison des données nouvelles de la science physiologique.

L'illustre physicien anglais, W. Crookes, a découvert le quatrième état de la matière et démontré expérimentalement la Force psychique.

Ch. Richet a synthétisé les phénomènes métapsychiques, étudiés depuis longtemps par de nombreux savants.

Röntgen nous a fait connaître les propriétés des rayons X, Charpentier et Blondlot nous ont appris les radiations émises par les centres nerveux (rayons N), expliquant les phénomènes de télépathie. Par Curie, nous avons été initiés à la radio-activité de la matière comme étant sa propriété essentielle. La théorie de l'énergie condensée a fait son entrée dans la science avec G. Le Bon, remplaçant la vieille théorie atomique et l'indestructibilité de la matière, dont la dissociation lente et continue a pour effet de revêtir une forme intermédiaire entre l'éther impondérable et les corps pondérables représentés par l'électron, l'atome électrique. Le rayonnement fluidique du corps humain, annoncé par G. Maxwell au xvii° siècle, reconnu lumineux par Despine et Charpignon, étudié sous le nom d'*od*, par Reichenbach, a été mis en évidence par Luys, de Rochas, Iodko, etc., à l'aide de la photographie, et sa puissance a été physiquement reconnue par l'emploi du biomètre de Baraduc. De multiples expériences nous ont fait entrevoir la pénétration des effluves dans notre organisme, comment ils s'y maintiennent et lui donnent, pour ses besoins physiologiques, la force vitale indispensable, puis, enfin, s'extériorisent en partie, purs ou altérés, suivant les conditions d'âge, d'énergie et de santé de l'être vivant.

La transmission de pensée, la clairvoyance et tous les autres phénomènes médiumniques nous sont expliqués aujourd'hui par les recherches de Crookes et de Lodge, du Dr Max-

well, de Hertz, Lorentz et Larmet, par la théorie de l'éther universel, pénétrant toute chose,
occupant tout l'espace planétaire et intermolé-
culaire, terrestre et céleste.

Dans le domaine de la psychologie, il n'est
pas douteux que, sous l'empire de la volonté,
le cerveau peut, dans certaines conditions de
potentialité, émettre de l'énergie radiante, capable de servir de moyen de communication à
travers l'espace, de projeter dans son champ
visuel un corps éthérique ou une image formée
de ses propres parcelles éthériques.

Si à toutes ces découvertes nous ajoutons les
faits d'extériorisation de la sensibilité et de la
motricité, de lévitation, d'altération du poids
des corps, d'apparitions, de matérialisations, de
compréhension des langues étrangères récemment étudiée par Richet, et enfin tous les phénomènes attribués à la Force psychique, nous
pensons qu'il y a des raisons suffisantes pour
procéder à une revision impartiale de certaines
questions non encore élucidées de la psychologie morbide.

Ces grandes découvertes qui intéressent
particulièrement les sciences biologiques sont
des éléments qui doivent nous permettre au-

jourd'hui de constater les progrès réalisés par l'esprit humain, après plusieurs milliers de siècles d'erreurs.

Ce travail aura donc pour objectif principal de rattacher à la psychologie morbide les superstitions, les idées fausses, les croyances fixes collectives des peuples, et d'envisager celles-ci dans leurs rapports étroits avec les illusions, les hallucinations, les vésanies générales, sous l'influence de la contagion, des suggestions et de l'automatisme, — tout en tenant compte d'autres raisons venant ajouter un équivalent de plus aux créations absurdes de l'esprit transmises par l'hérédité.

Dr Dupouy.

Saint-Cloud, le 11 septembre 1906.

PSYCHOLOGIE MORBIDE

CHAPITRE PREMIER

Idées superstitieuses et erreurs collectives dans l'antiquité.

La magie, la sorcellerie, le surnaturalisme, les superstitions qui ont joué un si grand rôle dans l'antiquité et au Moyen-Age, peuvent être rattachés à la psychologie morbide, quoique ne rentrant pas positivement dans le cadre classique de la pathologie mentale.

Aussi loin, en effet, qu'on se reporte dans l'histoire de l'humanité, on observe cette croyance générale des peuples à ce monde imaginaire des génies, des anges et des démons dirigeant les choses spirituelles et matérielles des êtres terrestres, ayant un rôle prépondérant dans les pensées et les actions des hommes.

Ces êtres imaginaires figuraient dans toutes leurs doctrines et théogonies, et constituaient le personnel des enfers, de l'Olympe et des paradis célestes.

Il ne faut pas, d'ailleurs, — pas plus aujourd'hui qu'autrefois — demander aux collectivités de n'admettre que des idées et des convictions fondées sur la raison. On constate, au contraire, chez toutes, un ensemble d'idées fixes formant entre elles un lien puissant, qui les unit dans leurs éternelles préoccupations du mystère des choses, dans un sentiment commun de frayeur devant les forces naturelles, dans l'acceptation passive de pratiques que leur imposent les fondateurs de religion ou les visionnaires se disant inspirés par une divinité.

Ces superstitions, transmises par l'hérédité et les traditions, aussi absurdes qu'elles fussent, représentaient la synthèse de ces idées fixes des foules ayant, comme le fait remarquer G. Le Bon (1), une durée séculaire, aussi irréductibles, aussi invariables que les caractères anatomiques des êtres et leurs caractères physiologiques. Nous allons en donner les preuves évidentes par le résumé succinct des documents qui appartiennent à l'histoire de la psychologie.

Remontons d'abord à ces fameuses légendes indiennes, qui nous initient aux dogmes surnaturalistes des premiers habitants de la Bactriane destinés à devenir la base de la science magique de

(1) Dʳ G. Le Bon, *Psychologie des foules.*

Zoroastre. Inspiré par Ahura-Mazda, le seigneur Omniscient, le prophète écrivait, dans le Zend-Avesta, le texte et les commentaires de la loi religieuse destinée aux Aryas de l'Inde et de la Perse, loi qui avait pour but principal de réglementer le culte des *dews* ou démons.

Les premiers mages, disciples de Zoroastre, possédaient, il est vrai, des notions mathématiques et astronomiques assez étendues. Ils avaient fixé la durée de l'année à 365 jours, 6 heures, 11 minutes ; ils connaissaient les constellations du zodiaque. Callisthène aurait trouvé chez eux une suite d'observations remontant à 1900 ans (1). C'était la belle période scientifique de la magie ; elle sombra dès que, à l'astronomie, ils joignent l'étude de l'astrologie alliée à une médecine mystérieuse pouvant, avec l'aide de la magie métaphysique, conduire aux découvertes des choses naturelles et surnaturelles. Il est probable qu'ils eurent une vague conception du magnétisme, comme on peut s'en rendre compte d'après les bas-reliefs exhumés des pays d'Orient, représentant des magiciens, debout, la main tendue, influençant, par des gestes et par le regard, des sujets assis ayant les paupières closes (2).

Mais les enseignements de Zoroastre ne tardèrent pas à être modifiés par les mages de la Chaldée. Le

_____

(1) Callisthène avait envoyé à Aristote les observations des mages chaldéens en 326 avant Jésus-Christ. Mort en 328, en Bactriane.

(2) Voir note 1 (Appendice).

dogme fondamental du dualisme de la lumière et des ténèbres représenté par Ormazd et Ahriman, l'esprit bienfaisant et l'esprit malfaisant, les principes de l'ésotérisme, de la théurgie, de l'alchimie firent place aux croyances les plus superstitieuses.

Alors, on vit survenir les interprètes des songes, les devins par la farine et l'orge, par les chèvres et les corbeaux, dressés à rendre les oracles, les thaumaturges conjurant avec l'aide des invisibles, par des charmes, des enchantements, des sortilèges, des mots cabalistiques, tous affirmant leur pouvoir de changer les lois de la nature.

Les Perses, de même que les Indous et les Chaldéens, avaient aussi leurs anges et leur Satan, leurs dews et leurs péris, génies malfaisants et bienfaisants, et leurs païrikas, êtres surnaturels analogues aux fées.

De la Chaldée, l'ancienne magie, de plus en plus dégénérée, irradia vers la Judée, l'Egypte, la Grèce, l'Italie, la Gaule, avec des transformations diverses.

En Judée, malgré Moïse qui avait renié les mages dont il avait été le disciple, les Hébreux avaient conservé à peu près les pratiques du Mazdéisme, mais Ahriman était devenu Astaroth, Beelzébud, Asmodée et autres démons, ayant pour interprètes les pythonisses. Ormazd s'était transformé en légion d'anges, qui apparaissaient aux hommes pour leur faire des prophéties. Puis, les magiciens inventèrent la Kabbale, d'après les doctrines de Zoroastre, mais

dont s'emparèrent les charlatans juifs pour en faire
l'art de communiquer avec les êtres surnaturels, en
vue d'expliquer les songes, celui des sortilèges, des
enchantements, des maléfices. On racontait toujours
que la pythonisse d'Endor avait évoqué l'ombre de
Samuel avant la bataille de Gelboé... On gardait le
souvenir des prédictions des anges à Abraham, à
Loth, à Jacob, celles d'Ezéchiel, les apparitions d'archanges à Tobie, à Josué, à Balaam, à Daniel, se
présentant sous l'apparence de jeunes gens ayant de
longues ailes blanches au dos, Raphaël, Michel,
Gabriel...

Les Juifs avaient recours contre les diables aux
exorcistes. On invoquait le Dieu d'Abraham et de
Jacob. On mettait des herbes consacrées dans le nez
des démoniaques (Josephe). Et ce prétendu pouvoir
sur les diables fut transmis aux chrétiens ! Cette
puissance des exorcismes sur les démons s'exerçait
pour neutraliser les opérations de la sorcellerie.

En Egypte, les faux magiciens conjuraient les démons, charmaient les maladies par le mot ἐπαοιδία
que les Latins traduisirent par les mots *incantana*
et *Carmina*. Hermès-Trismégiste ou Thoth, c'est-
à-dire trois fois très grand, que les alchimistes regardèrent comme leur maître, réunissait, dans la
médecine, les sciences et les arts de l'ancienne
Egypte, ainsi que la magie, l'astrologie et les enseignements mystérieux de l'Orient.

A l'Ecole d'Alexandrie, une secte médico-philo-sophique reconnaissait toutes les pratiques de la magie, appliquant à la cosmogonie la loi de l'émanation, admettant que de la source éternelle de lumière procèdent des démons auxquels l'homme peut devenir l'égal par la vie contemplative.

« Tous les phénomènes de la nature, toutes les maladies étaient attribués à ces démons qui, disait-on, sont incorporels, et leur lumière entoure certains corps de la même manière que le soleil luit dans l'eau, sans y être contenu (1). »

Les Pythagoriciens, d'ailleurs, après avoir empreint leurs idées du mysticisme orphéique, ajoutaient foi à cette multitude de démons dont ils pouvaient, croyaient-ils, neutraliser l'influence funeste par l'abstinence des viandes et la chasteté.

Les Néoplatoniciens avaient également accepté cette doctrine qu'ils considéraient comme le plus haut degré de la magie. En se retirant du monde sensuel, Plotin, disait-on, était arrivé à guérir les maladies et à prédire l'avenir. A un degré inférieur, la magie était devenue la Goétie, partie secrète de l'art exigeant la collaboration des mauvais démons.

En Grèce, l'archéologie en fait foi, les génies célestes se multiplièrent à l'infini, et vinrent peupler l'Olympe du polythéisme.

(1) SPRENGEL, *Hist. pragmatique de la médecine.*

Homère, dont les poèmes ont soulevé l'admiration universelle, avait largement contribué à répandre la croyance à tous ces dieux. Hésiode, dans sa théogonie, n'avait pas moins coopéré à la création de la mythologie grecque.

Platon, à partir de son initiation aux doctrines hermétiques admettait, lui aussi, l'existence d'êtres immatériels. C'est par l'intermédiaire des démons, disait-il, que s'opérèrent les révélations, les présages et les miracles des magiciens. Chaque mortel a son bon et son mauvais génie...

Et Aristote, qu'on considère comme le plus grand génie de l'antiquité, ne se laissa-t-il pas aller à admettre des intelligences secondaires présidant aux mouvements des corps célestes !

Socrate, enfin, était convaincu qu'il y avait en lui un démon qui lui donnait connaissance de faits éloignés et l'avertissait des erreurs de ses amis.

Autorisés par leur exemple, les prêtres pythiens de Lacédémone allaient consulter les oracles d'Apollon, à Delphes, et ceux de Jupiter à Dodone et à Ammon, pour connaître les volontés de ces dieux. Et, comme toujours, ces prêtres n'exploitèrent pas seulement à leur profit les idées populaires sur les puissances célestes et leurs relations avec les hommes, — ils firent encore appel aux magiciens, aux pythonisses, aux sybilles qui leur servaient de comparses intéressés. Il n'en fallait pas tant pour amener dans l'esprit populaire la conviction aux mythes les plus fantastiques.

Plus encore que chez les Grecs, les Romains voyaient, dans les pratiques de la magie, la puissance aux actions surnaturelles. Spéculant à leur tour sur les croyances fixes populaires aux dieux et aux démons, leurs prêtres les incitaient à cette crainte qui trouble les hommes et les pousse au culte des divinités célestes et infernales inventées pour entretenir une frayeur imaginaire très justement caractérisée par Pétrone :

Primus in orbe deos fecit timor.

Ces divinités, leur affirmait-on, affectionnent particulièrement les prêtres. On doit s'adresser à eux pour obtenir les grâces qu'on désire et se faire accorder leur intervention dans tous les événements de la vie. C'est ainsi que les superstitions s'emparèrent des esprits des peuples anciens, que tout devint un présage heureux ou funeste, et qu'à celles-ci vinrent encore s'en joindre d'autres : l'interprétation des songes, les augures, les enchantements, la vertu des herbes, les sacrifices, les aspects des astres, les révélations viscérales des victimes par les aruspices... Et ce n'était pas seulement la plèbe qui s'inclinait devant ces pratiques insensées, les représentants des aristocraties des lettres, des arts, des sciences, des armes étaient plus ou moins tributaires du charlatanisme sacerdotal, précurseur de celui des sorciers actifs du Moyen Age. Tous croyaient fermement que ceux

qui font des choses surnaturelles sont inspirés par
un génie. Les Muses elles-mêmes n'étaient-elles pas
des génies qu'il fallait invoquer ? Il est un dieu en
nous, disait le poète, c'est lui qui nous anime :

Est deus in nobis, agitante calescimus illo.

Dans son épisode sur la sorcière Canidie, Horace
nous montre celle-ci faisant brûler dans un feu
magique des branches de figuier sauvage, des ra-
meaux de cyprès funèbres, des œufs de grenouille,
des plumes de chouette, des herbes fécondes en
poison, des os arrachés à la gueule d'une chienne
affamée, pendant que ses compagnes creusent la
fosse où elles vont enfermer vivant un malheureux
enfant dont la moelle et le foie composeront ensuite un philtre aphrodisiaque.

Dans une autre ode, *ad sodales*, il dit à l'un d'eux,
atteint du mal d'amour : quelle magicienne, quel
enchanteur, avec tous les philtres de la Thessalie,
quel dieu pourra te délivrer ?

Quæ saga, quis te solvere Thessalis
Magnus venenis, quis poterct deus ?

De son côté, Virgile nous initie aux sacrifices
magiques, et nous apprend que l'art des envoûte-
ments était connu des sorciers (1).

(1) Egl. 8. *Alphésibœus.*

Ils avaient, pour les produire, une figure de cire qui ressemblait à peu près à ceux qu'ils voulaient maléficier (*invultuare*). Ce qu'ils appliquaient sur cette figure pouvait produire son effet sur celui qu'elle représentait, principalement la piqûre au cœur qui devait amener la mort.

Les officiers des armées romaines consultaient aussi les oracles. Avant la bataille de Pharsale, Sextus, le fils de Pompée, va interroger la magicienne Erichto ; et Appius se rend à Delphes pour demander à une des pythonisses du temple, à Phémonoé, de lui révéler les secrets du destin de Rome (1).

Le surnaturalisme n'épargnait pas davantage les médecins de l'antiquité.

Prenons d'abord Galien, qui avait étudié la philosophie et la médecine à Alexandrie. Il critique bien Xénocrate préconisant l'efficacité magique du sang de la chauve-souris, du cérumen et du sang menstruel, mais il se laisse entraîner ensuite aux fables des conjurations magiques, dans certains passages de ses écrits.

Soranus d'Éphèse avait recours, dans plusieurs maladies, aux chants magiques. Scribonius Largus indiquait la manière de cueillir les plantes pour qu'elles possèdent leurs propriétés thérapeutiques : « De la main gauche au lever de la lune ». Elles

(1) Lucain, *La Pharsale.*

guérissaient ainsi de la morsure des serpents. Ar-
chigènes faisait suspendre au cou de ses malades
des amulettes. Et, quoique Pline ait souvent déclaré qu'il voulait « examiner toutes les choses de
la nature et non spéculer sur les causes occultes »,
il a reproduit dans ses œuvres bien des pratiques
superstitieuses employées dans la médecine.

Quant à Cœlius Aurelianus, on ne peut le criti-
quer relativement à l'emploi qu'il faisait du magnétisme dans le traitement de la catalepsie. « On
fait avec la main, disait-il (1), des mouvements cir-
culaires devant les yeux des patients. Sous la fixité
du regard, ceux-ci suivaient les mouvements, leurs
yeux clignaient »; etc. (2).

Les médecins du Moyen Age n'avaient guère mo-
difié les préceptes de leurs devanciers.

Aétius d'Amide, médecin de la cour de Constan-
tinople, acquit une grande renommée par la pré-
paration et l'application de pommades, d'onguents
et autres topiques, dans lesquels la superstition
jouait encore le plus grand rôle. Ainsi, en faisant
fondre un certain onguent, il fallait répéter plusieurs fois, à voix basse : « Que le dieu d'Abraham,
d'Isaac et de Jacob accorde une efficacité à ce médi-
cament ». Si quelqu'un avait un corps étranger dans
le gosier, il fallait toucher le cou du malade et dire :
« *De même que Jésus-Christ a ressuscité Lazare*

_____

(1-2) Cœlius Aurelianus, *De acutis morbis.*

et fait sortir Jonas d'une baleine, sors de même, toi, os ou esquille. » Ou bien : « Le martyr Blaise et le serviteur du Christ te le commandent, ressors ou descends (1). »

Après Aétius, nous voyons Alexandre de Tralles se livrer aux mêmes chimères. Dans la colique il conseillait de faire usage d'une pierre sur laquelle était représenté Hercule terrassant un lion, ou d'un anneau de fer sur lequel était inscrit d'un côté φεῦγε, φεῦγε ἰῶ χολὴ ἡ κορυδαλος εζητει, et sur l'autre, le diagramme des Gnostiques (figure composée de deux triangles équilatéraux). Et il ajoute que des choses sacrées ne doivent pas être profanées.

Contre la goutte, le même Alexandre de Tralles recommande ce vers d'Homère :

Τετξήκει δ'αγορη, ὕπο δ'εοτοναχίζετο, γαῖα.

Ou bien de faire graver sur une feuille d'or, au déclin de la lune, les mots μει, δρευ, μορ, φορ, τευξ, ζα, ζων... Il conjurait par les mots Iao, Sabaoth, Adonaï, Eloi, une plante qu'il employait dans la même maladie. Dans les fièvres quotidiennes, il conseillait une amulette qui consistait en une feuille d'olivier, sur laquelle on écrivait avec de l'encre KA. POI. A. (2).

Les erreurs de la magie eurent encore d'autres

---

(1) TETRABILLON, II et IV.
(2) SPRENGEL, ouv. cité, t. II, et Alex. TRALL, lib. IV.

propagateurs à Rome. Les sectaires chrétiens voulurent réunir la philosophie païenne à la doctrine
du christianisme. C'étaient les successeurs des magiciens juifs. Ils mélangèrent les chimères des
Orientaux à la philosophie chrétienne. La secte des
Ophaniens alla jusqu'à rétablir la vénération pour
les serpents et les supercheries pratiquées avec les
animaux, d'après les anciennes croyances égypto-
phéniciennes.

Les premiers docteurs de l'Eglise eurent les mêmes
conceptions qui sont ainsi commentées par Sprengel :
La doctrine des démons était si intimement entre-
mêlée avec les dogmes de ce système religieux, per-
fectionné par les Pères de l'Eglise, qu'il n'est pas
étonnant que les auteurs chrétiens attribuent beaucoup de phénomènes de la nature à l'influence des démons. Ce sont eux, dit l'un des plus savants Pères (1)
qui produisent la famine, la stérilité, la corruption
de l'air par les épidémies ; ils voltigent entourés de
brouillards dans les basses régions de l'atmosphère,
ils sont attirés par le sang des victimes et l'encens
que les païens leur offrent comme à leurs divinités.
Sans cette odeur de sacrifices, les démons ne pourraient pas conserver leur influence. Ils ont le sens le
plus exquis, ils sont capables de la plus grande activité et possèdent l'expérience la plus étendue. C'est
pourquoi les Pères de l'Eglise leur attribuent aussi
bien les oracles que les cures d'Esculape (2). Il en
est de même de toutes les maladies des chrétiens ;

(1) ORIGÈNE, *Apolog. du Christianisme.*
(2) Saint AUGUSTIN, SPRENGEL, ouv. cit.

2

ils tourmentent surtout les nouveaux baptisés et
même les enfants innocents qui viennent de naître.
Ces saints docteurs regardèrent aussi les mauvais démons comme les auteurs des grandes cures des médecins payens, qui furent souvent prises pour des
miracles.

« Un passage d'un autre Père de l'Eglise attribue
aux démons la faculté de prédire la fin des maladies,
au moyen de ce qu'ils peuvent lire dans l'intérieur
de la nature. Comme esprits incorporels et subtils,
ils savaient tout ce qu'apprend la science médicale (1). Dans un autre passage, Anastase demande
la cause de la multitude des lépreux et des infirmes
que l'on trouve parmi les chrétiens, et résout la question en disant : Dieu permet, à cause du grand luxe
des chrétiens, que les démons des maladies les possèdent. Ce Père de l'Eglise nous fait connaître deux
sortes de contagions : l'une produite par la colère
de Dieu, l'autre par les exhalaisons délétères...

« C'est ainsi que pendant les trois premiers siècles
après Jésus-Christ, les payens, les juifs et les chrétiens cultivèrent avec le plus grand zèle et dans toute
leur étendue toutes sortes de superstitions et de
magies, qui menacèrent la véritable science d'une
chute totale. »

Il faut convenir cependant que si certains prêtres
ignorants s'arrogèrent le droit exclusif de prati-
quer la médecine, au moyen de prières et de conjurations, et de mériter ainsi la dénomination
d'*infirmiers fanatiques*, les moines furent les con-
servateurs de la culture scientifique dans l'Occident
chrétien, en se faisant les disciples de Cælius Aure-

(1) ANASTASE, *Quæst.* XX.

lianus, qui resta toujours étranger aux pratiques superstitieuses.

La magie devait naturellement contagionner la Gaule, elle se développa avec les druides et leurs compagnes, les druidesses, que le peuple regardait comme des privilégiés possédant les secrets mystérieux de la nature. Les druides appartenaient à la caste sacerdotale et ne recevaient l'investiture de leur ministère sacré qu'après vingt années consacrées à l'étude de l'astrologie, de la médecine, de la kabbale. Leur théodicée leur enseignait l'immatérialité de l'esprit, appelé après la mort à se réincarner un nombre de fois indéterminé jusqu'à ce qu'il arrive à la perfection et reçoive une destinée plus heureuse. Ils admettaient donc, pour principal dogme religieux, la métempsychose ascendante, comme les premiers mages et les Pythagoriciens, ils admettaient encore une multitude de génies et d'esprits supérieurs entre la divinité et les hommes.

Malheureusement, cette belle philosophie ne les empêchait pas, dans les calamités publiques, d'immoler des victimes humaines sur les pierres des *dol-men*, des *men-hir* et des *cromlechs*.

Comme les médecins orientaux, ils attachaient des vertus mystérieuses à certaines plantes, au gui du chêne notamment.

Les druidesses avaient leur sanctuaire dans l'île de Sein, sur les côtes du Finistère ; elles prédisaient l'avenir, en consultant-les entrailles des victimes et rendaient des oracles, comme les pythonisses et les sybilles de l'Orient. De même que les druides, elles connaissaient toutes les pratiques de la Kabbale et de la magie. Aux yeux du peuple, elles avaient tout le prestige qui s'attache aux vierges consacrées, dépositaires des secrets des dieux.

Pendant la domination romaine, les druides furent les défenseurs de l'indépendance nationale. Mais forcés de se réfugier dans leurs forêts, persécutés par les Romains, par les barbares, par les chrétiens, ils se transformèrent progressivement en sorciers, enchanteurs, prophètes et charmeurs, condamnés par les conciles et bannis par les autorités civiles. C'est à cette époque que l'on commence à parler des génies malfaisants, rôdant pendant la nuit autour des *dol-men* et se livrant à d'obscènes dépravations. On les désignait tantôt sous le nom de *gauries*, êtres de la taille des géants, tantôt sous le nom de *sulèves*, personnages imberbes, qui jouaient le rôle de succubes auprès des voyageurs, tandis que les *dusiens* étaient les démons incubes venant déflorer les jeunes filles pendant leur sommeil.

Saint Augustin accorda sa croyance à toutes ces fables, qui avaient cours dans les campagnes, affirmant qu'on n'avait pas le droit de révoquer en doute l'existence de ces démons libertins, qui exercent d'impurs attentats sur les personnes endormies : *Hanc assidue immunditiam et tentare et ef-*

ficere (1). Considérant la magie comme la base des dogmes de toutes les religions, il disait encore : « Pour pénétrer le sens mystique des fictions, des allégories et des paraboles contenues dans l'histoire sainte, il faut nécessairement être versé dans l'étude des sciences occultes (2). »

Il est facile de s'expliquer maintenant comment du δαίμων ou du *sapiens* de Platon, le christianisme a fait le démon, l'ange déchu, qui veut peupler son empire des âmes qui devaient être sauvées par le baptême. Il a emprunté aux Juifs Beelzébuth, et Asmodée, et Satan et leurs nombreux collègues. Après Jésus, qu'on dit avoir été tenté par le diable et avoir délivré les possédés, on voit les apôtres et les saints être visités à leur tour par les envoyés de Dieu et par ceux du diable qu'ils combattent par les armes spirituelles, par les exorcismes empruntés aux Juifs. Ce ne sont partout que visions et apparitions devant les oints du Seigneur.

Le peuple voulant aussi avoir des communications avec les êtres surnaturels s'adressait aux magiciens et aux sorciers. Aussi, les évêques s'inquiétaient-ils de ceux-ci, en raison de leur popularité, et malgré la soumission des paysans aux dogmes du christianisme.

Dès le viie siècle, si le druidisme avait disparu de la Gaule, après avoir entendu sa condamnation

(1) Saint AUGUSTIN, *Cité de Dieu.*
(2) *De doct. Christ.*

prononcée par les chefs de l'épiscopat, au concile de
Nantes, en 618, — les pratiques du magisme
s'étaient néanmoins transmises en s'amoindrissant
de plus en plus. La magie était arrivée à la plus re-
poussante sorcellerie, et ses adeptes ne se recrutaient
plus que dans les classes infimes et ignorantes de
la nation. Le culte de la nature et des dieux drui-
diques, Hésus, Teutatès, Bélénus, Taranus..., les
cérémonies grandioses au pied des chênes antiques,
en présence des Brenns et de leurs guerriers, des
Bardes et des Eubages chargés des sacrifices,
avaient fait place aux pratiques les plus grossières,
aux hideux démons, aux aberrations les plus im-
morales.

De cet aperçu historique, il est donc facile de
comprendre comment les idées fixes et les superstitions se sont répandues dans toutes les parties du
monde connu, dans leur exode d'Orient en Occident.
Nous avons fait voir comment les erreurs collectives du peuple se sont entretenues par l'effet de
véritables suggestions et par une sorte de contagion
psychique.
Cette contagion s'accentuera au Moyen Age, avec
des caractères nosologiques plus graves, car elle
aboutira à un véritable délire qu'on a dû classer
parmi les vésanies, produit sous l'influence de
causes non moins importantes que celles que nous
venons de résumer.

CHAPITRE II

Des hallucinations et suggestions collectives.

D'après les données classiques de la physiologie et de la psychologie, le monde extérieur nous est révélé par l'impression sensorielle, produite sur nos organes (1), que la sensation transmet aux centres nerveux, et que l'esprit interprète par la perception, d'une manière plus ou moins complète, suivant l'attention prêtée par lui. La perception donne ainsi à l'entendement les éléments nécessaires pour concevoir des idées, juger, penser, raisonner, imaginer, comparer, généraliser, pour remplir, en un mot, toutes ses fonctions.

Indépendamment des perceptions provoquées par les organes des sens, il en est d'autres qui arrivent à l'esprit, sans qu'il y ait impression sensorielle

_____

(1) Démocrite considérait les émanations atomiques ou simulacres des corps comme les agents des impressions sensorielles.

préalable, ni manifestation de la sensibilité viscé-
rale : on les désigne sous le nom d'*hallucinations*.

Esquirol les considère comme des phénomènes
cérébraux ou psychiques, s'accomplissant indépendamment des sens, et consistant en des sensations
externes que le malade croit éprouver, bien qu'aucun agent extérieur n'agisse matériellement sur ses
sens. On peut les regarder, ajoute-t-il, comme des
images, des idées, reproduites par la mémoire, associées par l'imagination et personnifiées par l'habitude. L'examen des causes des hallucinations
montre que cette définition, comme toutes celles
données par la plupart des aliénistes, est incomplète.

Les causes des hallucinations sont multiples ;
elles s'observent :

1° Dans les états congestifs de l'encéphale déterminés par une affection cardiaque ou par surme-
nage intellectuel ; dans les affections idiopathiques
du cerveau ;

2° Dans les infections pathologiques, et les intoxications par certaines substances (belladone,
opium, haschich, jusquiame, mandragore, alcool) ;

3° Dans la surexcitation et l'irritation des organes
des sens ;

4° Dans l'hérédité, les tempéraments, les profes-
sions, les sexes, l'abus du coït, l'onanisme, les habitudes morbifiques en général ;

5° Dans une alimentation insuffisante, l'insomnie, l'abstinence, la continence, la misère physiologique, par les températures excessives ;

6° Dans certaines maladies diathésiques, l'herpétisme notamment ;

7° Dans les vésanies, les folies religieuses principalement et dans les névroses ;

8° Sous l'influence des suggestions, dans les diverses phases de l'hypnotisme ;

9° Dans les fictions exagérées de l'imagination ;

10° Dans la persistance des rêves à l'état de veille (hallucinations oniriques), et par effet télépathique.

D'une manière générale, on peut diviser les hallucinations en deux classes : les hallucinations pathologiques et les hallucinations physiologiques.

Les *hallucinations pathologiques* sont celles qu'on observe chez les aliénés. Elles sont caractérisées par une exagération des sensations douloureuses attribuées par les malades à des ennemis imaginaires, à la police, au magnétisme, à l'électricité, etc. Leurs conceptions ont un cachet bien défini d'absurdité. Ils entendent des voix menaçantes venant de leurs organes abdominaux ou de l'extérieur. Les apparitions qui se présentent à eux sont des personnages qui disparaissent sous forme d'animaux ou d'autres objets. Ils pensent vivre dans un monde fantastique, en proie au désespoir causé par le sort cruel qui les attend, et qui les porte souvent aux idées de suicide. Leurs facultés intellectuelles sont toujours affaiblies, et leurs

hallucinations toujours associées à une forme quelconque de délire.

Les *hallucinations physiologiques* sont celles qui
sont compatibles avec la raison. Elles sont constamment en rapport avec une pensée dominante,
fixe, directrice, avec un idéal. Elles sont, par cela
même, les auxiliaires, les stimulants, qui décident
le succès. Et quelle que soit leur durée, elles
ont la même force au début qu'à la fin. Le plus
souvent, elles sont précédées d'une contention prolongée de l'esprit (B. de Boismont).

Les hallucinations d'hommes célèbres, Socrate,
Pascal, Napoléon étaient physiologiques. De même,
étaient celles de Jeanne d'Arc.

Les psychologues et les physiologistes de l'école
de Condillac n'ont jamais voulu admettre les hallucinations physiologiques, considérant comme hallucinés et fous tous ceux qui ont la faculté de percevoir des choses non acceptées par la science
matérialiste. Celle-ci ne veut pas reconnaître
que l'homme est constamment sous l'impression
d'émanations sensorielles et psychiques ; que si le
cerveau reçoit et conserve les images et les formes
du monde extérieur, l'esprit reçoit et conserve les
idées conçues dans son ambiance. Ils ne peuvent
comprendre que la pensée, en s'extériorisant,
puisse créer pour certains individus les choses pensées, leur donner une forme, une identité dont ils
éprouvent ensuite la sensation.

Ils ont nié le magnétisme, l'influence de la force nerveuse, de la suggestion mentale, phénomènes reconnus depuis longtemps par des savants illustres, par de Humbold, par exemple, qui affirmait que « le fluide nerveux peut étendre autour de l'homme son activité à la manière des corps électrisés » ; par Arago et Cuvier, qui n'hésitaient pas à dire qu'une « communication certaine existe entre le système nerveux de deux individus ». Ces opinions, recueillies par Brierre de Boismont, ont amené le savant aliéniste à écrire ces lignes, dans son *Traité des hallucinations*, il y a déjà un demi-siècle : « Nous n'hésitons pas à dire qu'il y a dans l'organisme un agent d'une force inconnue, à l'aide duquel on arrive à des résultats remarquables ; c'est l'influence de l'homme sur l'homme, de sa force nerveuse. » Il dit bien aussi qu'on peut croire « aux esprits frappants, tournants et même écrivants, sans être fou, mais qu'il y aurait certainement folie, si l'on déclarait avoir vu positivement un de ces esprits ». Et il ajoute : « Je ne conçois pas plus comment les croyants aux esprits frappeurs et aux tables tournantes peuvent être détachés des hallucinés, car plusieurs de ceux que j'ai connus et des plus éminents m'ont assuré, de la meilleure foi du monde, qu'ils étaient convaincus que c'était l'esprit de tel et tel personnage qui avait paru devant eux ; ils en avaient senti le souffle, le contact, — et certes je puis affirmer que ces hommes étaient doués d'une très honnête dose de raison ». Mais la psychologie expérimentale a fait bien des progrès depuis 1862 ! (1)

LES HALLUCINATIONS ONIRIQUES

Il est bien démontré qu'il existe des rapports entre les rêves et les hallucinations. Mais il n'est pas possible d'admettre, comme certains psychologues l'ont avancé, qu'il y a identité entre le rêve et le folie ; car, dans ce cas, nous serions tous aliénés.

En général, les rêves sont fugitifs, la mémoire les conserve rarement ; ils surviennent dans la période de repos de l'esprit, qui exerce une partie de son activité dans le monde des chimères et des incohérences, tout en conservant le sentiment de son identité et de son sens moral. Ce sont les hallucinations physiologiques de l'onirisme.

Dans cette même catégorie, il faut classer les *rêves lucides*, pendant lesquels l'esprit, dégagé en partie de la matière, acquiert temporairement des aptitudes extraordinaires dans les questions, souvent ardues, des sciences, des lettres et des arts, que la mémoire ne conserve malheureusement pas toujours.

Cardan reconnaissait qu'il devait beaucoup de démonstrations géométriques aux raisonnements de son esprit quand il était endormi. Ce phénomène appartient à l'activité inconsciente de l'intelligence.

(1) Voir note 2 (Appendice).

Il existe encore des *rêves télépathiques*, se présentant dans une disposition particulière de l'esprit, lui donnant le pressentiment d'un événement réel venant de se produire ou devant prochainement se produire, la mort d'un parent, par exemple, lui faisant apparaître un personnage ou une chose devant l'avertir d'un fait quelconque plus ou moins important.

Sous le titre d'*hallucinations télépathiques*, le Dr O. Masson est arrivé à reconnaître, d'après les études et les expériences faites par la *Société des Sciences psychiques*, qu'il y a des perceptions ayant une origine télépathique. Elles peuvent être, dit-il, l'effet de scènes et d'incidents qui se passent à une distance trop grande pour pouvoir impressionner les organes des sens d'une manière directe, mais qui peuvent, d'une façon ou d'une autre, provoquer dans l'esprit ces perceptions correspondant aux scènes et incidents en question.

Les hallucinations pathologiques des rêves permettent de voir en eux une grande analogie avec la folie, telle que Baillarger l'a démontrée. Ces rêves déterminent, en effet, une impression profonde et persistante dans l'esprit. Lorsqu'ils se reproduisent plusieurs nuits de suite, ils arrivent facilement à s'imposer aux esprits faibles, ignorants ou mystiques. C'est principalement dans les hallucinations oniriques des sorciers qu'on retrouve les caractères pathologiques.

Celles de la vue donnaient à ces malades la sensation d'animaux fantastiques et des cérémonies orgiaques du Sabbat.

Celles de l'ouïe leur faisaient entendre les discours des diables et les bruits des réunions nocturnes où ils croyaient assister.

Celles du goût leur faisaient éprouver des saveurs de viandes corrompues, de chair humaine.

Celles de l'odorat leur faisaient sentir des odeurs sulfureuses plus ou moins nauséabondes exhalées par les démons.

Celles de la sensibilité générale les persuadaient qu'ils étaient doués d'une légèreté semblable à celle des nuages, qu'ils étaient emportés dans les airs sur les épaules des démons ou à cheval sur un ramon (anesthésie), qu'ils étaient morts, frappés, brûlés, soumis à des secousses étranges (hyperesthésie).

Celles du sens génital se rapportaient à des rapports charnels suivis de volupté ou de douleur.

Les hallucinations internes leur donnaient la conviction que leur corps était habité par un démon ou un personnage céleste parlant par leurs organes, leur intimant l'ordre d'exprimer sa pensée.

HALLUCINATIONS DANS L'HYSTÉRIE

Les hallucinations peuvent avoir des rapports plus ou moins grands avec les névroses, l'épilepsie

et la chorée, mais principalement avec l'hypocon-
drie et plus encore avec l'hystérie, dans laquelle
tous les sens sont affectés, quelle que soit la modalité clinique qu'elle revêt, hystérie convulsive, folie
hystérique ou simple névralgie. Elles constituent le
symptôme prédominant des épidémies d'hystéro-
démonopathie des couvents, observées au Moyen
Age.

C'est à l'extraordinaire suggestibilité des hystériques qu'il faut attribuer l'influence considérable
du rêve et des idées fixes persistantes chez eux.
Leurs actes passionnels et leurs impulsions s'ex-
pliquent par le passage immédiat des idées aux
actes. Tous leurs éléments anatomiques sont en état
d'activité morbide et de réaction organique, dans
toutes les conditions d'excitabilité dans lesquelles ils
se trouvent.

« Le déséquilibre énorme de la sensibilité chez les
hystériques, dit Lombroso (1), — voilà la condition
spéciale, qui dépend probablement de l'interruption
momentanée des fibres de conduction, par suite de
l'altération du *cylinder axis* qu'Aradt a trouvée en eux
et qui permet que l'énergie nerveuse s'accumule
dans certains points de l'écorce, ce qui explique l'origine de ces phénomènes (télépathie et transmission
de pensée), comme la grande fréquence des trans-
missions de pensée chez les mourants (Myers) est expliquée par l'état très vif de passion et l'énergie plus
grande que l'écorce paraît acquérir dans l'agonie... »

(1) *Annales des sciences psychiques.*

Cette accumulation de l'énergie nerveuse en certains points de l'encéphale et son arrêt à d'autres points de l'organisme correspond au mécanisme dynamique à l'aide duquel une propriété ou une activité peut être soudainement suspendue, alors qu'au contraire il y a autre part renforcement de ces propriétés. C'est à ces phénomènes nerveux que Brown-Séquard a donné le nom d'inhibition et de dynamogénie.

Or, dans l'hystérie comme dans l'hypnotisme, il y a un état complexe de perte et d'augmentation d'énergie des centres nerveux que Brown-Séquard avait déjà mentionné (1).

Chez les hystériques comme chez les hypnotiques, on observe d'ailleurs les mêmes symptômes prédominants : réactivité, sensibilité excessive, impressionnabilité, impulsivité, dédoublement de la personnalité, automatisme psychique. Accessibles à toutes les suggestions, ils subissent l'influence des rêves, des idées fixes, des hallucinations.

Les hallucinations hypnotiques de tous les sens se produisent par les suggestions par le sens musculaire, par la vue, par l'ouïe, par la parole, par plusieurs sens à la fois. Elles sont assez connues pour que nous nous y arrêtions davantage.

(1) Note 3 (Appendice).

HALLUCINATIONS DE L'IMAGINATION

De même que l'entendement a la possibilité de combiner les notions justes acquises par la perception, il peut combiner également les notions fausses acquises par les suggestions. Cette faculté de l'entendement, c'est l'imagination, φαντασία, non pas celle qui apporte dans le monde de l'idéal une puissance créatrice, mais celle qui nous incite aux fictions, celle qui est liée au sommeil, au somnambulisme, aux hallucinations, qui est la source des utopies et des chimères. Elle évoque et restitue les événements psychiques passés, mais en les associant aux fabulations fantastiques, aux manifestations mythomaniaques, pouvant enfin se compliquer, dans certains cas, d'auto-accusation et d'hétéro-accusation criminelle.

Il est possible, comme le croit M. Ribot, que les fictions de l'imagination puissent être confondues avec les représentations perçues par l'entendement et conservées par la mémoire, en admettant que celle-ci détermine une modification des éléments nerveux et des associations dynamiques entre eux. On sait que dans les fictions créées dans les rêves, l'esprit peut en conserver le souvenir et éprouver à nouveau des états de conscience passés ou les reconnaissant comme passés.

Dans les premières années de la vie, l'imagination se manifeste dans la variété de ses caprices et

3

la fécondité de son influence, bonne ou mauvaise (1). Car alors la raison n'a pas encore pris la direction de nos sentiments et de nos passions. A un âge plus avancé, elle exerce encore sur nous son empire, — plaisirs et douleurs imaginaires nous affectant plus que ceux dont l'objet est présent et réel. Pascal est un exemple des effets que prend l'imagination sur les natures nerveuses ; il a éprouvé ces hallucinations terrifiantes lui montrant un abîme constamment ouvert à ses côtés. Les malades imaginaires sont encore les malheureuses victimes de celle qu'on a appelée avec raison la *folle du logis*, par les hallucinations internes qu'elle provoque et le délire auquel elles aboutissent souvent.

Les collectivités ressentent les effets de l'imagination avec plus d'énergie que les individus. On peut en effet considérer celles-ci comme de véritables personnes ayant un idéal qu'elles s'efforcent d'atteindre, dans le bien comme dans le mal. Aussi faut-il attribuer à l'imagination une grande partie des erreurs humaines et des hallucinations collectives, quand elle arrive à rompre les liens qui l'enchaînent à la raison.

(1) Il ne faut pas attribuer à l'imagination les aptitudes extraordinaires de quelques enfants, — pas plus que le fait de « *reconnaître* » un lieu où l'on vient pour la première fois, le site qui n'avait pas encore impressionné les yeux. Ces phénomènes ne peuvent s'expliquer que par le souvenir inconscient des acquisitions antérieures faites par l'esprit, — souvenir analogue à la *réminiscence platonicienne*.

Des suggestions collectives.

Si, par la suggestion, dans l'état hypnotique et même dans l'état de veille, on peut imposer par la parole, le geste et les radiations mentales, une action au cerveau de certains individus, et provoquer chez eux des hallucinations, — on peut, par les mêmes moyens, déterminer aux collectivités des suggestions et des idées fixes persistantes, souvent irréductibles, refusant le contrôle de la raison. Elles constituent autour d'elles une atmosphère psychique à l'action de laquelle les esprits supérieurs comme les faibles ne peuvent se soustraire, accessibles les uns et les autres aux entraînements, aux passions, aux erreurs de même nature.

Ce phénomène psychologique a été constaté dès la plus haute antiquité, et c'est à lui qu'il faut rapporter les grandes actions de certains hommes, chefs politiques ou religieux, dont tout le prestige résidait dans l'art de suggestionner les collectivités.

« Pour agir sur les masses, a dit Lélut, pour faire s'entre-choquer les peuples, pour ébranler, changer les croyances, pour creuser sur la face de la terre un sillon dont les siècles n'effacent pas l'empreinte, il faut penser, parler, se tromper, délirer comme les masses; il faut affirmer, croire comme elles et plus qu'elles, être leur envoyé, leur prophète, pour qu'elles vous croient celui de Dieu, et qu'elles vous

en donnent la puissance... » Ces chefs, ces personnages que l'histoire classe dans la catégorie des célé-
brités, « ce n'étaient pas; ajoute Lélut, des fous, si
l'on veut, mais c'étaient des hallucinés, dont les visions étaient les visions de la raison. »

A certaines époques, on voit des peuples entiers
se trouver sous des influences morbides, perdre leur
libre arbitre et donner prise à des psychoses collectives. Une sorte de mimétisme social les entraîne
et fait d'eux le jouet de suggestions générales.

« Vous parlez d'hallucination universelle, dit un
professeur de la Faculté de médecine de Nancy! (1)
Elle existait, quand on ne savait pas, quand on ne
soupçonnait pas la singulière facilité avec laquelle
se réalise l'hallucination artificielle! Elle existait
quand une foi naïve en la sorcellerie, comme im-
plantée dans le cerveau humain par une suggestion
plusieurs fois séculaire, aveuglait les meilleurs esprits ; quand le sabbat, les sorciers, les incubes, les
succubes, les gnomes, les esprits malins et tous ces
fantômes évoqués par l'imagination étaient considérés comme des réalités, quand la science trem-
blante n'osait, en face du bûcher, battre en brèche
la superstition religieuse toute puissante ! Que de
crimes, que de catastrophes, que d'erreurs judiciaires
eussent été épargnés à la pauvre humanité, si la vérité scientifique avait pu se faire jour ! l'histoire du
diable, de la sorcellerie, des possessions, l'histoire
des épidémies démoniaques, ces hallucinations collectives suggérées, pèsent comme un affreux cauchemar sur les siècles qui ont précédé le nôtre ! »

(1) Dr BERNHEIM, De la suggestion.

Celles-ci se manifestaient, comme nous le démontrerons, par une sorte d'épidémie contagieuse, favorisée par une constitution médicale exceptionnellement mauvaise, ayant pour caractère prédominant une prédisposition à toutes les suggestions, aux phénomènes de la mythomanie, à une déséquilibration mentale allant jusqu'à la désagrégation complète de la personnalité.

L'histoire de la sorcellerie et de la démonomanie du Moyen Age est l'exemple le plus remarquable des hallucinations collectives ; elle constituera toujours un document complet de la psychologie morbide et de la folie religieuse. On pourra y voir la conséquence fatale des aberrations de l'esprit humain entretenues par des suggestions journellement répétées, puisées dans des récits imaginaires interminables.

« Le Moyen Age, a dit Voltaire (1), était l'époque des possédés, des sorciers et du démon. On s'en entretenait dans les longues soirées d'hiver dans les châteaux et dans les chaumières. Dans les uns, c'était une fée qui revenait à certains jours, comme la fée merveilleuse du château de Lusignan. Le Grand Veneur était sec et noir ; il chassait avec une meute de chiens noirs dans la forêt de Fontainebleau. »

Dans les villages, c'étaient des contes plus grossiers et plus fantastiques qui alimentaient les conversations des paysans. On ne parlait que des sorciers,

(1) VOLTAIRE, *Dict. philosophique*.

de leurs sortilèges et maléfices. Chaque hameau avait
son sorcier ou sa sorcière. Les possédés couraient
les champs, tous disant avoir vu le diable... Et ces
histoires diaboliques se répercutaient la nuit dans
des rêves persistants.

A notre époque, les suggestions collectives ont
pris d'autres caractères. Elles sont la conséquence
forcée des grandes commotions politiques, des persécutions, des exécutions sommaires, du besoin impérieux et immédiat de changement dans les conditions sociales, des phobies générales.

Les rêves du sectarisme et de l'utopie peuvent, à
un moment donné, se transformer facilement en
délire des foules, avec des impulsions instinctives
de destruction, de meurtre, d'homicide, etc. « Il y
a bien chez certains hommes, a dit Gall, une inclination qui va par gradation, depuis le simple plaisir de voir tuer jusqu'au désir le plus impérieux de
tuer. »

Mais ce n'est encore qu'une inclination, qu'un
penchant, qui ne peut se réaliser que dans certaines
conditions. Chez l'anarchiste militant, il y a encore
exaltation de l'intelligence, automatisme, impulsion, se produisant sous l'influence d'une idée fixe
étrangère au délire, mais ayant cependant pour signes caractéristiques et pathognomoniques un certain orgueil maladif, une exagération de la personnalité et une propension à la contagion.

Avec ces éléments, le problème devient susceptible de recevoir une solution, en acceptant préalablement les faits positifs fournis par la doctrine de la suggestion. L'étude de celle-ci a déjà révolutionné les données classiques de la psychologie et elle est destinée à résoudre bien des questions incompréhensibles.

La suggestion commence chez l'enfant par les principes que l'éducation lui inculque, se continue dans l'adolescence par les doctrines qu'on lui enseigne, par la parole et par l'exemple. Et ni l'expérience, ni l'habitude des choses ne peuvent affranchir complètement le cerveau de l'homme adulte des idées acquises par la suggestion et l'autosuggestion subies pendant l'enfance et la jeunesse, abandonnées à elles-mêmes.

Ajoutons les effets de l'ambiance, et nous verrons, comme l'a dit Liébault, « qu'on acquiert, sans que l'on s'en rende compte, des notions morales et politiques, des préjugés, etc. ; qu'on s'imprègne des idées qui font atmosphère autour de soi ».

Quand la suggestion aux doctrines anarchistes se produit chez un sujet jeune, elle acquiert une puissance extraordinaire, analogue à celle qu'on détermine artificiellement dans l'hypnose ; car dans les deux cas, les facultés morales et intellectuelles permettant d'examiner ces doctrines et d'en discuter la valeur, sont annihilées. Et l'on peut dire avec Spinoza : « Notre illusion du libre arbitre n'est que l'ignorance des motifs qui nous font agir ».

Dans l'accomplissement de nos actes psychiques, dit G. Le Bon, nous ne sommes jamais complète· ment libres. Les hommes les plus raisonnables, réunis en assemblée, se laissent aller par l'entraîne- ment à des résolutions que chacun regrettera, quand il se retrouvera en face de lui-même.

A fortiori, quand ces hommes seront des collec- tivités nombreuses, ils se livreront facilement à tous les excès, soumis qu'ils sont à des suggestions plus puissantes, qu'on peut, sous un certain rap· port, assimiler aux hallucinations collectives.

Le rôle de la psychologie ne devra donc plus étu- dier seulement l'homme pris séparément, mais aussi dans l'ambiance où il vit, sous l'influence con- tinue de ses semblables, de leurs radiations phy- siologiques et pathologiques, du milieu psychique où il se meut, en un mot sous l'action des sug- gestions qu'il subit de la part des collectivités.

CHAPITRE III

Etat physique et moral du peuple au Moyen Age.

CALAMITÉS PUBLIQUES. — INVASION DES BARBARES. — FAMINE. — ÉPIDÉMIES. — PROSTITUTION

Dès le vᵉ siècle, l'histoire nous fait voir les plus terribles calamités fondant ensemble ou successivement sur les populations occidentales et en particulier sur celles de la Gaule, avec leurs funestes effets sur leur santé morale et physique. Et, pendant de nombreux siècles consécutifs, après la chute de l'empire romain, elle nous fait assister à l'anéantissement de la civilisation par les barbares, aux ravages de grandes épidémies, à toutes les misères des serfs courbés sous l'esclavage de la féodalité et sous l'autocratie du cléricalisme.

Les textes historiques ne nous laissent, en effet,

aucun doute sur l'état lamentable de notre pays,
au Moyen Age. On ne peut se faire une idée, dit
Chateaubriand (1), du spectacle que présentait le
monde à cette triste époque. Le tiers, peut-être la
moitié de l'Europe fut moissonné par la guerre, la
peste et la famine. A l'appui de son affirmation il
emprunte à un poète du temps cette description :

Si totus Gallos effudisset in agros
Oceanus, vastis plus superesset aquis.

Quand l'Océan aurait inondé les Gaules, il n'aurait
pas fait de si horribles dégâts que la guerre des
barbares.

« Si l'on nous a pris nos bestiaux, nos fruits, nos
grains, si l'on a détruit nos vignes et nos oliviers, si
nos maisons ont été ruinées, — et si, ce qui est
triste à voir, le peu qui nous reste demeure désert et
abandonné, tout cela n'est que la moindre partie de
nos maux. Mais hélas ! depuis dix ans, les Goths et les
Vandales font de nous une horrible boucherie... Rien
n'a pu garantir les habitants de la fureur des barbares... »

Et Chateaubriand ajoute : toutes ces destructions
furent plus complètes encore en 545, par l'invasion
d'Attila. Hommes, femmes, enfants furent égorgés
sans pitié, presque toutes les villes furent livrées
aux flammes.

(1) CHATEAUBRIAND, *Études historiques.*

Salvianus a décrit tous les malheurs de cette époque de l'histoire ; il a vu toutes les cités remplies de cadavres. Des chiens et des oiseaux de proie gorgés de la chair de ces cadavres étaient les seuls êtres vivants dans ces charniers :

Jacobant si quidem passim, quos ipse vidi atque sustini, utriusque sexus cadavera nuda, lacerata, urbis oculos incestantia, avibus canibusque lassiata (1).

Les cruautés inouïes commises par les hordes d'Attila dans les contrées Nord-Est de la Gaule occupées par les Franks ont été racontées encore par Grégoire de Tours, en ces termes :

« Se ruant sur nos pères, ils leur ravirent tout. Ils suspendaient les enfants aux arbres par le nerf de la cuisse. Ils firent mourir plus de deux cents jeunes filles d'une mort cruelle : les unes furent attachées par les bras au cou des chevaux, qui, pressés d'un aiguillon acéré, les mirent en pièces ; les autres furent étendues sur les ornières des chemins et clouées en terre avec des pieux ; des charrettes chargées passèrent sur elles ; leurs os furent brisés, et on les donna en pâture aux corbeaux et aux chiens : *Intruentes super parentes nostros omnem substantiam abstulerunt...*

La Grande Bretagne, l'Italie, l'Espagne, l'Afrique septentrionale ne furent pas moins éprouvées par les barbares Calédoniens de l'Ecosse, Goths, Huns,

(1) SALVIANUS, *De Gub. Dei.*

Lombards et Vandales massacrant, pillant, incendiant tout sur leur passage, d'après les récits de Gildas, Posidonius, V. Vitensis, saint Augustin, Procope...

En plus, dit Chateaubriand, l'Occident enfanta des hérésies qui sentaient le malheur. Des chrétiens cherchèrent une cause aveugle à des souffrances non méritées. Dès les vi°, vii°, viii° et ix° siècles, des hérésies dogmatiques des siècles précédents se continuèrent, puisant leur raison d'être dans le merveilleux de prétendus miracles et la crédulité des populations aux prophéties et aux dogmes licencieux des hérésiarques, enseignant que tout est permis à leurs adeptes. Les femmes particulièrement se passionnèrent pour ces doctrines, qui reconnaissaient l'union libre des sexes, et le mariage comme le fruit défendu de la Bible.

Au x° siècle, les chefs barbares, transformés en chefs féodaux, passaient leur vie à chevaucher, à batailler avec leurs rivaux, pillant et maltraitant les paysans, brûlant les récoltes, comme les barbares. Alors, les terres restaient en friche et les vivres manquaient.

Au xi° siècle, nous dit Taine :

« En soixante-dix ans, on compte quarante années de famine. Raoul Glaber raconte qu'il était passé en usage de manger de la chair humaine. Un boucher fut brûlé vif pour en avoir exposé à son étal. Ajoutez que dans la saleté et la misère universelle, au milieu de l'oubli des règles les plus ordinaires de l'hygiène,

les pestes, la lèpre, les épidémies s'étaient acclima-
tées comme sur leur terrain (1). »

Les habitants de toutes les conditions étaient
tombés dans un abrutissement bestial, dans un
véritable *tædium vitæ*, dans un état de mélancolie
vésanique. Le monde était devenu un abîme de
méchanceté et d'impudicité. D'après nos anciennes
chroniques :

« La société était empreinte d'un profond sentiment de tristesse ; il y avait comme un crêpe de douleur répandu sur la génération. Le monde est livré
à tous les fléaux... Des vents violents brisent les arbres séculaires, un ciel grisâtre se mêle aux
brouillards des forêts profondes, comme une nuit qui
enveloppe le genre humain. C'est un cri lamentable
par tout un siècle. Le témoignage d'un contemporain
indique le fatal état de la société dévorée par tant de
fléaux. On croyait que l'ordre des saisons et des lois
des éléments, qui jusque-là avaient gouverné le
monde, étaient tombés dans un éternel chaos (2). »

C'est dans cette ambiance pathologique, dans un
état nerveux morbide, symptomatisé par des excès
de violence, d'abattement, de mysticisme religieux
et de superstition, de passions désordonnées, de
sensibilité maladive que le Moyen Age revêt son
caractère de débilité mentale, qui se propage comme
une épidémie, dont le délire hallucinatoire avec

(1) TAINE, *Philosophie contemporaine.*
(2) CAPEFIGUE.

affaiblissement des facultés intellectuelles et l'asthénie générale seront la formule.

Cette dépression générale de l'organisme s'explique par l'inanition ou tout au moins par l'insuffisance alimentaire qu'on considère aujourd'hui comme l'origine de certaines psychoses, sur la réalité desquelles il me paraît inutile d'insister. Elles ont été observées d'ailleurs, à l'état aigu, chez les naufragés, les abstinents, les assiégés, les individus réduits par une cause quelconque à la famine, les sujets atteints de maladies infectieuses ou d'affections stomacales (1). Elles sont sous la dépendance directe d'une intoxication aiguë, par autophagie, comme les vésanies et les psychoses chroniques le sont, pour la même raison, par une intoxication chronique.

Sous ces deux formes, il faut remarquer la similitude des troubles nerveux : exaltation de l'imagination, cauchemars, illusions, hallucinations, *onirisme délirant se continuant le jour*, dédoublement de la personnalité, dépression mentale.

A cet état morbide il faut encore joindre l'effet moral produit par la léthalité effroyable des pesti-

_____

(1) M. Savigny, naufragé sur le radeau de la *Méduse*, en proie aux horreurs de la faim, voyait autour de lui une terre couverte de belles plantations, et il se trouvait avec des êtres dont la présence flattait ses sens. D'autres naufragés éprouvaient des hallucinations analogues. (B. DE BOISMONT). Voir note 4 (Appendice).

lences, la phobie de la contagion et les idées superstitieuses qu'elle développe fatalement dans le peuple,
comme Procope en a donné la description, à propos
de l'épidémie de peste inguinale du vi⁰ siècle, qui
dépeupla une grande partie de la Gaule. Laurent
Joubert et d'autres historiens ont également fait
mention de ces phénomènes pendant la peste noire
du xiv⁰ siècle, qui fit pendant quatre ans « plus de
soixante-quinze millions de victimes dans le monde »,
d'après eux?...

Et non moins terribles étaient ces épidémies de
variole du vi⁰ siècle ; de peste ardente (mal des
ardents), dont les ravages portèrent l'épouvante
dans toutes nos provinces pendant les x⁰ et
xii⁰ siècles, alors que l'épidémie de lèpre allait sé-
vissant de plus en plus, à ce point qu'il n'y avait
ni ville ni bourgade n'ayant une ladrerie pour y
séquestrer les lépreux, au nombre de 2 000 sous
Louis VIII et de 19 000 quelques années plus tard.

Une autre raison devait encore venir compliquer
ces désordres physiques et moraux : la corruption
épouvantable des mœurs. Depuis le iii⁰ siècle, on
signalait, comme la conséquence des hérésies ma-
nichéennes et vaudoises, les tendances des femmes
vers la prostitution. Celle-ci était encouragée par la
sorcellerie qui, en instituant le culte des démons,
avait vu un moyen d'action puissant vis-à-vis de
ses adeptes dans les dépravations de toute nature,
et comme un lien entre les divers membres, chefs
actifs et êtres passifs dont la raison s'affaiblissait

de plus en plus. Il y avait, en effet, des sorcières convaincues, et d'autres qui faisaient servir une foule de malheureuses à un abominable commerce de débauche.

« Le sabbat ouvrait le champ à ces turpitudes. Tantôt il ressemblait à une hideuse compagnie de libertins des deux sexes, tantôt il réunissait au profit de certains fourbes, une troupe de femmes crédules et fascinées (1). »

Les histoires d'incubisme et de succubisme auxquelles les évêques et les Pères de l'Église accordaient une importance trop considérable entretenaient les mystérieuses absurdités et les appétits charnels. Et malgré les sévérités du christianisme contre les complices de la sorcellerie, malgré les rigueurs déployées par les autorités religieuses et séculières, pendant tout le ive siècle, on ne put parvenir à atteindre les racines du mal et à enrayer les passions du peuple.

Ce désordre dans les mœurs publiques n'avait pas épargné une partie du clergé. L'évêque saint Boniface écrivait au pape Zacharie, en 742 (2) :

« Les évêchés sont presque toujours donnés à des laïques avides de richesses ou à des clercs débauchés et prévaricateurs, qui en jouissent selon le monde.

(1) Dufour, *Histoire de la prostitution.*
(2) Act. 55. *Ord. S. Bened.*, t. II, p. 54.

J'ai trouvé parmi ceux qui s'intitulent diacres des
hommes habitués dès l'enfance à la débauche, à
l'adultère, aux vices les plus infames : Ils ont la nuit
dans leur lit quatre ou cinq concubines et même davantage. »

*Et modo in diaconatu, concubinas quatuor, vel
quinque, vel plures noctu in lecto habentes.*

L'Eglise n'avait aucune autorité effective sur ses
prêtres et moines. La débauche régnait dans les
monastères, et elle reconnaissait pour cause le voi-
sinage et la fréquentation des monastères des deux
sexes. La partie saine du clergé voyait avec beaucoup de peine les progrès de la gangrène morale de
certains de ses membres.

Turpio, évêque de Limoges, écrivait dans son
testament en 944 (1) :

« Nous-mêmes qui devions donner l'exemple, nous
sommes l'instrument de la perte d'autrui, et au lieu
d'être les pasteurs des peuples, nous nous condui-
sons comme des loups dévorants. »

Un religieux du temps disait que les cloîtres
étaient des antres de prostitution, *scortationis for-
nices*. Le pape Grégoire VII, dans sa lettre aux
évêques de France, de 1074, écrivait :

« Chez vous toute justice est foulée aux pieds. On
s'est accoutumé à commettre impunément les actions

(1) *Biblioth. Cluniacensis.*

les plus honteuses, les plus cruelles, les plus sales, les plus intolérables : à force de licence, elles sont devenues des habitudes. »

Guillaume de Poitiers reprochait à Manger, archevêque de Rouen, de commettre des crimes qui exhalaient autour de lui une fâcheuse odeur de honte.

Enguerrand, évêque de Laon, tournait en ridicule la tempérance et la pureté, dit Guibert de Nogent, avec « des expressions dignes du jongleur le plus licencieux. » Manassez, archevêque de Reims, était « une bête immonde, un monstre dont aucune vertu ne rachetait les vices ». Hugues, évêque de Langres, se souille d'adultères et de sodomie : *Sodomico etiam flagitio pollutum esse* (1).

Yves de Chartres (*epist.* 85) cite un prélat qui cohabitait publiquement avec deux femmes et se préparait à en prendre une troisième : *qui publice sibi duo scorta copulavit et tertiam pellicem jam sibi præparavit.*

Malgré les décrets pontificaux, le clergé persista longtemps dans son concubinage et refusa opiniâtrement à renoncer à ses plaisirs : *se pellicibus ad hoc nolunt abstinere nec pudicitiæ inhære* (2).

Les historiens sont tous d'accord sur cette triste question de la dépravation du clergé. « Il n'y a pas

---

(1) Actes du Synode de Reims. P. Dufour, *Hist. de la prostitution.*

(2) Ord. Vital, *Hist. ecclésiastique*, lib. VIII, 1090.

un chapitre dont les chanoines ne fussent brûlés des ardeurs de la luxure (1). » « Il n'y avait pas un diocèse où l'on put compter dix prêtres sobres, chastes, amis de la paix et de la charité, exempts de tout crime, de toute infamie, de toute souillure (2). »

P. Dufour, auquel nous empruntons ces documents, ajoute :

« La conduite dépravée des moines n'était que trop imitée par les laïques, qui la livraient à leurs méprisantes railleries ; mais le clergé ne cherchait pas à conserver les apparences de l'honnêteté, et il faisait lui-même bon marché de ses vices, avec les jongleurs qui s'en moquaient dans leurs chansons satyriques, avec les peintres qui en composaient des tableaux et des miniatures, avec les imagiers ou statuaires qui en ornaient leurs ouvrages, en pierre, en bois, en ivoire. C'était le sujet favori de la littérature et de l'art : L'intempérance de la gent monacale, sa sensualité, son effronterie servaient de thème permanent aux fantaisies des artistes et aux épigrammes des poètes. On ne voit nulle part que les hommes d'église se soient offensés, irrités, scandalisés des portraits écrits ou figurés de leurs turpitudes. Ils se divertissent eux-mêmes à leurs propres dépens, en faisant reproduire l'épopée joyeuse de la vie cléricale, dans les peintures de leurs missels, dans les sculptures de leurs églises, dans les images de leurs dyptiques, dans les ornements de leur mobilier. La verve caustique des tailleurs d'images

(1) *Gall. Christ.*, t. I. *Append.*, p. 6.
(2) *Fulb, Carn. Epist.* 17.

s'exerçait sans paix ni trêve sur le règlement des
clercs : de là tant de grossières allégories, tant d'indécentes caricatures, tant de sales drôleries, qui se
cachent dans les chapiteaux,les frises, les arabesques
de l'architecture religieuse... Les laïques, en présence
de ces modèles de luxure cléricale, rivalisaient avec
les prêtres et les moines. »

Les Conciles et les Synodes, avec leurs sages
prescriptions, ne pouvaient imposer un frein aux
passions de ces moines, passions d'autant plus irré-
sistibles qu'elles étaient plus contenues...

Les femmes, même les religieuses, se livraient
entre elles à des orgies où reparaissait le *fascinum*
romain, et où l'art fellatoire n'avait rien oublié des
leçons impudiques de l'antiquité. La preuve s'en
trouve dans la teneur des pénitentiels :

Mulier cum altera fornicans, tres annos.

*Sanctimonialis fœmina cum sanctimoniali per
machinatum polluta, annos septem.* Pénitentiel
l'Angers.

*Mulier qualicumque molimine aut per ipsam
aut cum altera fornicans. Si quis in os semen mi-
serit, septem annos pœniteat.* Pénitentiel de
Fleury (1).

Telles étaient les années de pénitence infligées
par les pénitentiels épiscopaux contre la corruption
les mœurs, qui prendra des proportions bien autre-

(1) DUFOUR, ouv. cit.

ment grandes encore au XIII° siècle, quand éclatera l'épidémie d'hystéro-démonomanie des cloîtres.

Voilà dans quel état physique et moral se trouvait le peuple de France, quand éclatèrent les épidémies de démonolâtrie et des autres formes de la folie religieuse. Les raisons étiologiques sont complètes.

CHAPITRE IV

Folie religieuse du Moyen Age.

La première période de la folie religieuse du Moyen Age, sur laquelle nous ne possédons que très peu de documents, commence vers le vIII^e siècle et se termine dans le courant du xve siècle, époque où débute la seconde période avec ses différentes modalités. Nous constaterons ainsi :

1° Un caractère dépressif et mélancolique dans la sorcellerie et la démonomanie ;

2° Un caractère expansif dans la théomanie ;

3° Un caractère convulsif dans la démonopathie.

Chez les *sorciers* et *démonolâtres*, nous verrons des hallucinations, principalement de la vue et du sens génital.

Chez certains *démonomanes*, on observera le dédoublement de la personnalité. Les uns s'imaginent être possédés par les démons dont ils se disent les esclaves, parlant et agissant malgré leur volonté. D'autres sont persuadés être des démons, perdant ainsi conscience de leur personnalité ; par conséquent, pas de dédoublement chez eux, et comme chez les sorciers, ils sont en proie à leurs hallucinations.

La *démonopathie* se présentera également soit sous la *forme externe*, le malade attribuant à des démons persécuteurs ses hallucinations sensorielles, de la vue, de l'ouïe, de l'odorat et des organes sexuels, soit sous la *forme interne* avec l'idée de possession démoniaque, le malade attribuant au démon ses pensées, ses paroles, ses actes, sans pouvoir s'y opposer. Mais, dans les deux formes, on constatera des idées mystiques alliées à des idées érotiques.

Les *damnés* se croiront condamnés aux flammes éternelles, s'accusant des crimes les plus abominables, se suicidant, se considérant comme des maudits, mais sans présenter d'hallucinations.

Dans la *théomanie*, ce ne sera plus l'enfer ni le diable, mais le ciel, mais un Dieu sévère qui préoccuperont l'esprit des malades. On reconnaîtra pour caractères de la théomanie des hallucinations multiples, la possibilité de la contagion, son explosion épidémique en des foyers plus ou moins étendus, des phénomènes hystéro-convulsifs, de l'excitation sexuelle et des idées de mégalomanie, qui sont, pour ainsi dire, pathognomoniques.

La théomanie, comme la démonomanie est *externe* (l'esprit saint agissant extérieurement), ou *interne*, la possession est démonomaniaque ou théomaniaque se succédant ou coexistant.

« La folie religieuse présente les formes les plus variées, a dit Marcé, et c'est celle qui se transmet le plus volontiers par la contagion. »

On l'a considérée comme une psychose de la sphère intellectuelle, reposant sur des *idées fixes*, déterminant des troubles dans les centres de l'idéalisation, qui, pour Flegsig, doivent se rencontrer dans les lobes frontaux et dans la zone temporo-occipitale ; nul doute pour lui que les passions ne jouent un certain rôle, mais c'est la sphère intellectuelle qui se trouve essentiellement affectée.

Ces *idées fixes* s'incrustent-elles dans les cellules de l'idéalisation, comme le pense Schule, provoquant une sorte d'état cataleptique des molécules qui, une fois déplacés de leur centre d'équilibre, tendent à persister indéfiniment dans leur nouvelle position ? Dans tous les cas, il faudra toujours à son avis, tenir compte de l'état d'éréthisme nerveux, de convulsibilité prolongée des éléments psychiques pouvant facilement se compliquer d'hallucinations et de délire.

Si certains démonologues ont pu croire que les hallucinations des démonolâtres et sorciers ressortissaient à une espèce de délire, ils ne considéraient pas moins celui-ci comme un fait de possession démoniaque. Telle est la raison pour laquelle ils ont consenti, pendant plusieurs siècles, à voir s'élever sur les places publiques de l'Europe occidentale des bûchers, dont les lueurs démontraient la puissance des superstitions du Moyen Age, superstitions auxquelles, encore au xviie siècle, croyaient des hommes instruits, comme Félix Plater, D. Sennert, Ph. Willis, etc.

D'ailleurs, de nos jours, n'avons-nous pas entendu Heinroth, le représentant le plus distingué de la doctrine idéaliste de la folie, légitimer la croyance aux possessions et aux supplices atroces infligés aux démonolâtres par cette déclaration sentencieuse (1) :

« La folie est la perte de la liberté morale ; elle ne dépend jamais d'une cause physique, elle n'est pas une maladie du corps, mais une maladie de l'esprit, un *péché*. Il est clair, comme la lumière du jour, que les tourments des malheureux desigués sous le nom d'ensorcelés et de possédés sont la conséquence de l'exaltation de leurs remords de conscience. L'homme n'a pas seulement reçu la raison en partage ; il a, de plus, une certaine puissance morale qui ne peut être vaincue par aucune puissance physique, et qui ne succombe que sous le poids de ses propres fautes. »

Les spiritualistes français dont Leuret fut, à la

_____

(1) Leuret, *Traitement moral de la folie.*

même époque, le chef autorisé, n'acceptèrent pas,
il est vrai, la théorie d'Heinroth, et formulèrent
différemment leur opinion. Pour eux, l'origine de
la folie est purement morale, mais l'erreur de
l'aliéné est l'erreur de l'homme qui est trompé par
ses sens, ou que la passion égare. La doctrine spi-
ritualiste n'avait donc aucune solidarité avec la doctrine idéaliste. Mais elle ne s'appuyait pas davantage sur nos données cliniques et sur les révélations
de l'anatomie pathologique. Les causes physiques
n'étaient pas admises par eux, parce qu'il n'était
pas toujours possible de déterminer le siège précis
et la nature spéciale de l'altération morbide, cause
du trouble mental.

En reconnaissant aujourd'hui que les psychoses
dépendent des intoxications, de l'hérédité, des altérations anatomiques, des troubles fonctionnels, on
admet au même titre l'action des causes morales.
Les idées fixes, occupant exclusivement l'esprit,
peuvent être des causes occasionnelles à l'explosion
du délire. Il en est de même de la persistance des
rêves, après la cessation du sommeil, à laquelle on
a donné le nom d'onirisme, lequel est caractérisé
par des troubles hallucinatoires, qui finissent par
devenir permanents, puis incurables, avec la démence pour terminaison.

Or, si on examine, dans cet ordre d'idées, quelles
étaient, au point de vue moral, les habitudes morbides des gens du Moyen Age, on pourra juger de
l'action que purent avoir certaines idées fixes, héré-

dilairement transmises et entretenues par l'attrait des superstitions.

Encore à notre époque, malgré les progrès de l'instruction publique, n'observe-t-on pas dans les campagnes des psychopathies engendrées par des superstitions semblables?

« Il faut considérer, écrivait tout récemment le Dr Terrien, qu'un milieu de primitifs où les idées superstitieuses dirigent tant de cerveaux, où la croyance en tout ce qui est surnaturel est si profondément enracinée, qu'un tel milieu peut voir se développer plus aisément les névropathies. L'enfant au coin du feu, dans les longues veillées d'hiver, entend raconter les histoires les plus fantastiques de revenants, de sorciers. Le jour il y pense, la nuit il en rêve. Toutes ces images, toutes ces représentations terrifiantes ne sont-elles pas propres à ébranler le système nerveux, à le surexciter au point de produire bientôt un état névropathique. Et ceci est bien vrai non seulement pour le paysan vendéen, mais pour tous les paysans à quelque coin du sol qu'ils appartiennent. On retrouve presque partout chez eux cette même mentalité. Et ces idées de sorcellerie qu'on imprime dans ces jeunes cerveaux, qui les ébranlent d'une si déplorable façon, ces idées contiennent une action nocive qui de l'enfant se transmettra à l'homme... Les psycho-névroses jaillissent aisément dans de tels milieux. »

Qu'on se représente, en effet, la puissance pernicieuse que devaient avoir les sorciers actifs, imposteurs, sur l'esprit de leurs jeunes adeptes, par la suggestion de leurs paroles et peut-être, comme adjuvant, par les onctions avec des pommades à base de substances narcotiques (1).

L'imagination, qui est la faculté de se représenter les objets par la pensée, y jouait un grand rôle, non pas l'imagination active qui arrange les images reçues et les combine de mille manières, mais l'imagination passive qui ne retient qu'une simple impression des objets.

Si nous examinons, au point de vue philosophique, ce que sont ces deux sortes d'imagination, nous verrons que l'imagination active ou créatrice est celle qui joint à la mémoire la faculté, indépendante de nous, de combiner, de construire, d'après les données fournies par l'imagination passive ou reproductive, des représentations nouvelles, sous la condition d'une véritable initiative intellectuelle, du pouvoir d'abstraction et de comparaison. Elle ne peut donc agir qu'avec un jugement profond, permettant de reconnaître ses erreurs ; elle est l'apanage des esprits cultivés, des poètes, des écrivains, des artistes, des mathématiciens.

L'imagination passive ou reproductive ne se distingue pas beaucoup de la mémoire ; elle évoque plus ou moins bien les images des événements psychiques passés, mais sans le concours de l'entendement et de la volonté. Elle est bornée, et Voltaire la considère comme commune aux hommes et aux

(1) Note 5 (Appendice).

animaux, les idées suivies se formant en nous, malgré nous, en l'état de veille comme en l'état de
sommeil.

« Cette faculté passive, ajoute le grand philosophe,
indépendante de la réflexion, est la source de nos
erreurs... C'est elle qui répandit tant de maladies de
l'esprit, en faisant imaginer à des cervelles faibles,
fortement frappées, que leur corps était changé en
d'autres corps ; c'est elle qui persuada à tant
d'hommes qu'ils étaient obsédés ou ensorcelés, et
qu'ils allaient effectivement au sabbat, parce qu'on
leur disait qu'ils y allaient. Cette espèce d'imagination servile, partage ordinaire du peuple ignorant, a
été l'instrument dont l'imagination forte de certains
hommes s'est servie pour dominer ».

Les imaginations passives, bornées à recevoir la
profonde empreinte des objets, peuvent souvent,
comme on le sait, conduire à la démence, principalement quand une substance toxique augmente la
dépression intellectuelle, alors que, au contraire,
des agents stimulants peuvent augmenter la puissance de l'imagination active et susciter des idées
brillantes, quelquefois géniales...

CHAPITRE V

Sorcellerie. — Démonolâtrie. — Incubisme. Lycanthropie.

Dans LA PREMIÈRE PÉRIODE, on peut constater que les cas de sorcellerie et de démonolâtrie, aussi multiples qu'ils fussent, ne présentaient pas de caractères épidémiques et contagieux bien évidents, avec des foyers nettement déterminés.

Nous trouvons bien la mention d'une espèce d'épidémie de sorcellerie à Lyon, dans les premiers temps du Moyen Age. Elle sévissait sur les habitants des classes infimes de la population constituant une secte connue sous le nom de *Pauvres de Lyon*, et qu'en langue romane on appelait *Faicturiers*, du mot *Faicturerie*, qui signifiait sorcellerie, art magique, faisant croire aux hommes qu'ils adorent le diable.

Gauthier de Coinsi parle également des magiciennes qu'il désigne sous le nom de *Tresgétères*.

On trouve, dans un de ses poëmes, les vers suivants
relatifs à une sorcière juive :

En la ville une gieve (1) avait. 1 *Juive.*
Qui tant d'engient (1) et d'art savait. 1 *Génie (ingenium).*
De tresgiet (1), d'enchanterie (2). 1 *Magie.* 2 *Science.*
Que devant li (1) apertement (2). 1 *Sortilège.* 2 *enchantement.*
Faisant venir à parlément (1). 1 *Un discours.*
Les ennemis et les déables (1). 1 *Diables.*

Un autre document nous fait connaître une agré-
gation de femmes rassemblées dans un but mystérieux, se livrant à des incantations magiques. La
description nous en est donnée dans ce fragment
d'un concile du VIIIᵉ siècle relatif aux courses aé-
riennes que les sorcières croyaient faire, en compagnie de Diane et d'Hérodiade :

*Illud etiam non est omittendum quod quædam
scelerata mulieres, retro post Satanam conversæ,
dæmonum illusionibus et phantasmatibus seductæ,
credunt et profitentur se nocturnis horis, cum
Diana, dea paganorum, et cum Herodiate et in-
numera multitudine mulierum, equitare super
quasdam bestias, et multarum terrarum spatia
intempestæ noctis silentio pertransire, ejusque
jussionibus velut dominæ obedire, et certis nocti-
bus ad ejus evocari* (1).

En voici la traduction : On ne doit pas non plus
oublier que les femmes impies vouées à Satan, sé-
duites par les apparences et les fantômes des dé-

(1) BALUZE, *Capitularia regum,* cap. XIII.

mons, croient et avouent que, pendant la nuit, elles chevauchent sur des bêtes fantastiques, avec Diane, déesse des payens. Elles prétendent traverser des espaces immenses dans le silence de la nuit obscure, obéir aux ordres de l'une ou de l'autre de ces deux femmes, comme à ceux d'une souveraine, et être appelées enfin à leur service à certaines nuits déterminées.

La cohabitation des hommes avec les démons ne faisait pas de doute pour beaucoup d'auteurs du Moyen Age. Grégoire de Tours a rapporté la possession d'Eparchius, évêque d'Auvergne, avec des démons succubes.

Saint Augustin, au iv⁰ siècle, avait reconnu l'existence des démons incubes, en déclarant que c'eut été de l'impudence de nier un fait aussi bien établi : *ut hoc negare impudentiæ videatur.* Saint Bernard et saint Thomas d'Aquin (1) partageaient la même conviction. Guibert de Nogent écrivait au xi⁰ siècle (2) :

« Partout on cite mille exemples de démons qui se font aimer des femmes et s'introduisent dans leur lit. Si la décence nous le permettait, nous raconterions beaucoup de ces amours de démons dont quelques-uns sont vraiment atroces dans le choix des tourments qu'ils font subir à ces pauvres créatures, tandis que d'autres se contentent d'assouvir leur lubricité. »

(1) Saint THOMAS D'AQUIN, *Summa Theologia, Quæst.* LI.
(2) GUIBERT DE NOGENT, *De vita sua,* lib. I.

Tout cela était peu de chose comparativement à ce que nous verrons dans la seconde période de la démonolâtrie.

Cette DEUXIÈME PÉRIODE est, en effet, caractérisée par l'apparition de foyers épidémiques, d'une durée variable, apparaissant et disparaissant sur un point donné pour éclater sur un autre. C'est alors que les armes spirituelles de l'Eglise furent jugées insuffisantes par l'Inquisition et remplacées par les bûchers. La vésanie prendra alors le nom de démonolâtrie.

A l'époque de son apparition, plus de dix générations avaient subi l'action dépressive de toutes les superstitions. L'hérédité avait préparé le terrain, les esprits étaient dans un état absolu de réceptivité à toutes les actions pathologiques. L'état nerveux dans lequel se trouvaient les faibles d'esprits, victimes de leurs hallucinations nocturnes, déterminait insensiblement une espèce de somnambulisme permanent pendant lequel ils acquéraient une personnalité particulière. Ils affirmaient alors être possédés par les démons ; et quand ils revenaient à leur état normal, il suffisait de la plus simple parole suggestive pour la faire disparaître. C'est ainsi qu'il faut expliquer ces faits d'individus accusés de sorcellerie qui niaient d'abord et avouaient ensuite. En présence des juges leur demandant, avec l'autorité de la conviction, ce qu'ils avaient fait au sabbat, ils faisaient les récits les plus détaillés et les plus circonstanciés des réunions nocturnes des démons et de leurs adeptes. Et ils se laissaient ensuite conduire au bûcher, comme ils s'y attendaient d'ailleurs, en confessant leurs rapports diaboliques, ou se suicidaient.

Démonolâtrie épidémique d'Arras en 1459.

Dans les *Chroniques* d'Enguerrand de Monstrelet, l'historien fidèle des faits de son temps, on lit la description de la fameuse épidémie de démonolâtrie de l'Artois, qui amena tant d'hallucinés sur les bûchers de l'Inquisition. Notre historien s'exprime ainsi :

« En 1459, en la ville d'Arras, advint un terrible cas et pitoyable que l'on nommait *Vaudoisie*. On disoit que c'estaient aucunes gens, hommes et femmes, qui de nuit se transportoient par vertu du diable des places où ils estoient et soudainement se trouvoient en aucuns lieux, arrière des gens, ès bois ou ès déserts, là où ils se trouvoient en très grand nombre, hommes et femmes ; et trouvoient illec un diable en forme d'homme, duquel ils ne virent jamais le visage ; et ce diable leur lisoit et leur donnoit ses commandements et ordonnances et comment et par quelle manière ils devoient avrer et servir, puis faisoit par chacun d'eux baisier son derrière et puis bailloit à chacun un peu d'argent 'et finalement leur administroit vins et viandes en grand'largesse, dont ils se repaissoient, et puis tout à coup chacun prenoit sa chacune, et en ce point s'éteindoit la lumière et connaissoient l'un et l'autre charnellement, et ce fait, tout soudainement se retrouvoit chacun à sa place dont ils estoient partis premièrement.

« Pour cette folie furent prises et emprisonnés plusieurs notables gens de ladite ville d'Arras et autres moindre gens, femmes folieuses et autres, et furent *tellement gétrinés et si terriblement tourmentés* que les uns *confessèrent* le cas leur être tout ainsi advenu comme dit est ; et autre plus avoir veu et cogneu en leur assemblée plusieurs notables gens, prélats, seigneurs et autres gouverneurs de baillages et villes, voire tels, selon commune renommée, que les *examinateurs* et *juges* leur nommoient et mettoient en bouche. Si que *par force de peine* et de *tourments*, ils les *accusoient* et disoient que voirement ils les avoient veus, et les aucuns ainsi nommés estoient tantôt emprisonnés et *mis en torture*, et tant si longuement et par tant de fois que confesser leur convenoit. Et, furent ceux-ci qui estoient de moindre gens *exécutés et brûlés inhumainement*.

« Aucuns autres plus riches et plus puissants se racheptèrent par force d'argent pour éviter les hontes que l'on leur faisoit, et de tels il y eut des plus grands qui furent prêchés et séduits par les examinateurs qui leur donnoient à entendre et leur promettoient, s'ils confessoient le cas qu'ils ne perdroient ni corps ni biens. Tels y eurent qui souffrirent en merveilleuse patience et constance les peines et les tourments, mais ne voulurent rien confesser à leur préjudice ; trop bien donnèrent argent aux juges et à ceux qui les pouvoient relever de leurs peines. Autres gens qui se absentèrent et vindèrent le pays et prouvèrent leur innocence (1). »

Calmeil a considéré cette relation de soi-disant sorcellerie comme un délire ayant régné épidémi-

(1) MONSTRELET, lib. II.

quement en Artois où « beaucoup d'aliénés furent exécutés à mort dans ce pays », s'empressant d'ajouter que « ces faits laissent entrevoir en partie les malheurs auxquels la poursuite acharnée des faux disciples de Satan exposait les sociétés d'autrefois (1) ».

L'arrêt du tribunal d'Arras, qui condamnait les sorciers de l'Artois à être brûlés, est un document curieux, qui mérite d'être rapporté, car il s'appuyait sur les considérations suivantes, qui acceptaient comme véridiques les conceptions délirantes des pays artésiens :

« Quand ils voulloient aller à la vauderie, d'ung oignement que le diable leur avait baillé, ils oindaient une vergue de bois bien petite, et leurs palmes et leur mains, puis mettoient cette verguette entre leurs jambes, et tantôt ils s'envoloient où ils voulloient estre, par dessus bonnes villes, bois et eaux, et les portoit le diable au lieu où ils debvoient faire leur assemblée, Et, en ce lieu, trouvaient l'ung l'autre, les tables mises, chargiées de viandes ; et illec trouvoient un diable en forme de boucq, de quien, de singe et aucune fois d'homme, et la faisoient oblations et hommaiges audict diable et l'adoroient, et lui donnoient les plusieurs leur âmes, et à peine tout ou du moings quelque chose de leur corps. Puis, baisoient le diable, en forme de boucq, au derrière, avec coudeilles ardentes en leurs mains. Et après qu'ils avoient touls bien bu et mangié, ils prenoient habitation charnelle touls ensemble, et même le diable se mectoit en forme d'homme et de femme, et

_____
(1) CALMEIL, *De la folie.*

prenoient habitation les hommes avec le diable en
forme de femme, et le diable en forme d'homme
avec les femmes. Et même illec commectoient le
péchié de Sodome, de bougrerie et tant d'autres
crimes, si très fort puants et énormes, tant contre
Dieu que contre nature, que ledit inquisiteur dict
qu'il ne les oserait nommer, pour doutte que les
oreilles innocentes ne fussent adverties de si vilains
crimes, si énormes et si cruels (1). »

. . . .

Parmi ces sorciers, il y avait un poète, un peintre
et un vieil abbé, lequel passait pour un amateur
des mystères d'Isis... Peut-être l'Inquisition pour-
suivait-elle souvent comme sorciers et hérétiques
des individus qu'elle n'aurait pu atteindre autrement, comme les faits paraissent le démontrer.

Démonolâtrie d'Edeline, docteur en Sorbonne.
Délire hallucinatoire. Condamnation à la pri-
son perpétuelle.

Le cas d'Edeline est un des premiers de la période de démonolâtrie. Ancien prieur, docteur en
Sorbonne, il enseignait, dans le Poitou, que les faits
de sorcellerie qui faisaient monter les gens sur les
bûchers de l'Inquisition, se rapportaient à des
hallucinations.

Prévenu de complicité de sorcellerie, il fut em-

_____

(1) Jacques Duclerc, *Mémoires*, lib. IV, cap. IV.

prisonné. Sous l'influence des idées régnantes, il
finit par délirer et à avouer au tribunal avoir commis le crime d'incubisme avec le diable sous la
forme d'un bélier noir, d'avoir obéi à Satan, en prêchant contre les doctrines de la théologie inquisitoriale, d'avoir assisté au sabbat. Il ne fut condamné
qu'à la prison perpétuelle.

Incubisme et succubisme.

Nous allons, comme dans la première période,
avoir à constater dans nos observations de démonolâtrie l'*incubisme* et le *succubisme* chez les hallucinés condamnés par les tribunaux de l'Inquisition.
Calmeil, dans son ouvrage sur la folie, a fait l'historique de cette question. Il a écrit que les vierges
vouées à la chasteté étaient fréquemment visitées
par des démons qui se cachaient sous la figure du
Christ, sous celle d'un ange ou d'un séraphin. Le
diable choisissait de préférence la forme d'une
vierge sainte pour attirer les solitaires et les jeunes
reclus dans les pièges du vice.

« Après avoir opéré sur le regard, par le prestige
d'une beauté factice, dit le savant aliéniste, les malins esprits tentent de s'introduire dans la couche
des jeunes filles et des jeunes hommes et ils les
noient dans les voluptés d'un commerce honteux.

« Les dieux, au dire des anciens, s'unissaient avec
les filles des princes ; ces prétendus dieux n'étaient

que des incubes déguisés. Un diable posséda Rhéa
sous l'apparence de Mars. Un autre se fit succube et
passa pour Vénus le jour où Anchise crut cohabiter
avec la déesse de la beauté.

« Les démons incubes accostent de préférence les
femmes perdues, sous la forme d'un homme noir ou
d'un bouc. De tout temps, les esprits damnés ont at-
taqué certains hommes sous la forme d'une brute
lascive. Les velus, faunes et sylvains, n'étaient que des
incubes déguisés. »

Les rapports qu'avaient les possédés avec les incubes et les succubes étaient souvent accompagnés
d'une sensation douloureuse de compression dans
la région épigastrique, avec impossibilité de faire
le moindre mouvement, de parler et de respirer,
phénomène caractéristique du cauchemar. Cependant, il y avait quelques variantes dans les sensations éprouvées. Une religieuse de Sainte-Ursule,
appelée Armelle, disait que :

« Il lui semblait être toujours dans la compagnie
des démons qui la provoquoient incessamment à se
donner et à se livrer à eux. Pendant cinq ou six mois
que dura le fort du combat, il lui étoit comme impossible de dormir la nuit, à cause des spectres
épouvantables dont les diables la travailloient, prenant diverses figures de monstres (1). »

Une autre religieuse nommée Gertrude, citée par
Jean Wier, avoua que depuis l'âge de 14 ans, elle

_____

(1) *École du pur amour de Dieu ouverte aux savants*,
ouv. cit. par DUFOUR.

couchait avec Satan en personne, et Satan s'était fait aimer d'elle à ce point qu'elle lui écrivait dans les termes les plus tendres et les plus passionnés. On trouva, en effet, dans sa cellule, le 25 mars 1565, une lettre remplie de détails les plus naturalistes de leurs débauches nocturnes.

Bodin, dans sa *Démonomanie*, a donné l'observation de Jeanne Hervillier, qui fut brûlée vive par arrêt du Parlement de Paris. Elle avait confessé à ses juges, qu'elle avait été présentée, à l'âge de 12 ans par sa mère,

« à un diable en forme d'un grand homme noir et vestu en noir, botté, éperonné, avec une espée au costé et un cheval noir à la porte. Le diable coucha charnellement avecques elle, en la même sorte et manière que font les hommes avecques les femmes, hormis que la semence estoit froide. Cela continua tous les huit ou quinze jours, mesme icelle estant couchée près de son mary, sans qu'il s'en aperceut. »

Cet auteur a rapporté, d'après J. Wier, plusieurs faits du même genre, entre autres celui de Magdelaine de la Croix, nommée abbesse du monastère de Cordoue par la protection de Satan, qui alla demander l'absolution au pape Paul III, en confessant que, dès l'âge de 12 ans, elle avait été « sollicitée par le diable de se marier avec luy », et qu'elle avait eu des relations avec ce diable, « en forme de More noir et hideux », pendant trente ans, elle

avait continué ce commerce. Et pendant qu'elle
était avec lui dans sa cellule, un autre diable, prenant sa ressemblance, se montrait aux offices des
nonnains avec grande apparence de dévotion (1).
Bodin croyait fermement que cette religieuse avait
été vouée à Satan, « dès le ventre de sa mère, telles
copulations ne sont pas illusions ni maladies »,
ajoutait-il.

Il a donné d'ailleurs un extrait de l'interrogatoire
que subirent, en présence de maître Adrien de Fer,
lieutenant-général de Laon, les sorcières de Longni,
qui furent condamnées au feu pour avoir eu commerce avec les incubes. Il parle encore de Marguerite Brémond, qui avoua avoir été conduite, un soir
par sa propre mère, dans un pré où se tenait une
assemblée de sorcières :

« Et se trouvèrent en ce lieu six diables qui estoient
en forme humaine, mais fort hideux à voir, etc. Après
la danse finie, les diables se couchèrent avec elles et
eurent leur compagnie ; et l'un d'eux qui l'avait me-
née danser, la print et habita avecques l'espace de
plus d'une demi-heure, mais délaissa aller sa semence bien froide. »

Le grand mathématicien et médecin distingué
Jérôme Cardan a cité le cas d'un prêtre qui avait

_____

(1) Pendant qu'elle était en prison, veillée par des geô-
liers, son fantôme apparaissait à sa place d'abbesse dans
la chapelle, pendant que les religieuses chantaient *Ma-
tines* (Ext. de J. WIER).

cobabité, pendant plus de cinquante ans, avec un démon, en guise de femme; Pic de la Mirandole celle d'un autre prêtre, qui avoua avoir eu commerce, pendant quarante ans, avec un démon succube qu'il nommait Hermione.

Comme les Pères de l'Eglise, le pape Innocent VIII reconnaissait l'existence des démons incubes et succubes dans une lettre apostolique : *Non sine ingenti molestia ad nostrum pervenit auditum complures utriusque sexus personnas propriæ saluti immemores et a fide catholica deviantes dæmonibus incubis et succubis abuti.*

Les prêtres apprenaient évidemment, dans les aveux du confessionnal, les secrets de cette étrange hallucination du sens génital portée au compte de ces démons, et que reproduisaient sans commentaires les démonologues dans leurs écrits. Mais ils n'étaient pas toujours d'accord sur certaines questions. De Lancre affirmait que les incubes ne s'attaquaient pas aux vierges, parce qu'ils ne pourraient pas commettre l'adultère avec elles ; et Bodin n'hésite pas à dire le contraire, malgré les aveux des jeunes filles et des religieuses. Antoine de Torquemada reconnaissait, d'après les dires de ses pénitentes, que l'approche du diable était extrêmement froide, et Martin del Rio a cité le cas d'Angèle de Foligno qui accusait les incubes de porter un feu violent dans ses organes sexuels, après l'avoir battue sans pitié et lui avoir inspiré une concupiscence infernale. Elle lui a confessé ainsi la

chose : *Nam in locis verecundis est tantum ignis,
quod consuevi apponere ignem materialem ad
extinguendum ignem concupiscentiæ* (1).

Alors que les séductions des dieux du paganisme,
des faunes et des satyres avaient pour corollaire la
naissance d'enfants destinés à devenir des demi-
dieux ou des héros, les relations avec Satan donnaient aux femmes des monstres pour progéniture.
Martin Luther et Guichard, évêque de Troyes, passaient pour être des produits des démons. Bodin
considérait comme tels tous les fœtus de la tératolo-
gie, malgré les affirmations contraires de J. Wier
et d'Agrippa.

Le père jésuite Costadau écrivait dans son traité
De Signis, à propos de l'incubisme :

« La chose est trop singulière pour la croire à la
légère... Nous ne la croirions pas nous-même si nous
n'étions convaincu, d'une part, du pouvoir du démon
et de sa malice, et si, d'une autre part, nous ne
trouvions une infinité d'écrivains et même du premier rang, des papes, des théologiens et des philosophes, qui ont soutenu et prouvé qu'il peut y avoir
de ces sortes de démons incubes et succubes ; qu'il
y en a, en effet, et des gens assez malheureux ayant
avec eux ce commerce honteux et de tous le plus
exécrable. »

Comme les hallucinations psycho-sensorielles
des autres sens, celle du sens génésique pourrait-

(1) Martin del Rio, *Disquis magicæ*, lib. II.

elle prendre ses éléments dans l'esprit érotique des malades, et particulièrement chez les hommes dans la réplétion des vésicules spermatiques? C'est dans ce sens que M.de Saint-André, médecin de Louis XV, a donné une explication de l'incubisme. Et il ajoute (1) :

« L'incube est le plus souvent une chimère qui n'a pour fondement que le rêve, l'imagination blessée, et très souvent l'imagination des femmes... L'artifice n'a pas moins de part à l'histoire des incubes. Une femme, une fille, une dévote de nom... débauchée, qui affecte de paraître vertueuse pour cacher son crime, fait passer son amant pour un esprit incube qui l'obsède. Il en est des esprits succubes comme des incubes ; ils n'ont ordinairement d'autre fondement que le rêve et l'imagination blessée et quelquefois l'artifice des hommes. Un homme qui a entendu parler des succubes s'imagine, en dormant, voir les femmes les plus belles et avoir leur compagnie. »

Pour en finir avec les opinions des écrivains du Moyen Âge sur la question de l'incubisme, nous demanderons à Nicolas Rémy, inquisiteur de Lorraine, la description des *impuretés*, qui se commettaient entre les démons et les sorcières, d'après les confidences qui lui furent faites par les possédées. Fort heureusement pour la morale, il a traduit en latin ces aveux (2) :

(1) M. de SAINT-ANDRÉ, *Lettres au sujet de la magie, des maléfices et des sortilèges*, Paris, 1725.
(2) N. REMIGIUS, *Demonolatriœ librites*, Luyd, 1515, p. 55.

« *Hic igitur, sive vir incubet, sive succubet fœmina, liberum in utroque naturæ debet esse officium, nihilque omnino intercedere quod id vel minimum moretur atque impediat, si pudor, metus, horror, sensusque aliquis acrior ingruit, illicet ad irritum redeunt omnia e lumbis, affœaque prorsus sit natura.* »

A propos du jugement des quatre filles des Vosges, d'après les confessions de celles-ci, qui se nommaient Alice, Claudine, Nicole et Didace, l'inquisiteur dit encore :

Alesia Drigea recensuit dæmoni suo pœnem, cum surrigebat tantum semper extitisse, quanti essent subices focarii, quos tum forte præsentes digito demonstrabat: scroto, ac coleis nullis inde pendentibus.

Claudia Fellæa expertam esse se sæpius instar fusi in tantam vastitatem turgentis, ut sine magno dolore contineri a quantumvis capace muliere non posset.

Cui astipulatur et illud Nicolææ Morelliæ conquerentis sibi, quoties a tam misero concubitu discedebat decumbendum perinde fuisse, ac si diutina aliqua, ac vehementi exagitatione fuisset debilitata.

Retulit et Didatia Miremontana, se, licet virum multos jam annos passa esset, tamen tam vasto, turgidoque dæmonis sui inguine extensam semper fuisse, est substrata lintea largo cruore perfunderet. Et communis fere est omnium querela, perinvitas se a dæmone suo comprimi, non prodesse tamen quod obluctantur.

Il est assez difficile de comprendre comment le diable pouvait aussi complètement initier ces filles à tous les secrets de la volupté lesbienne, mais il

faut bien se rappeler qu'à côté du sabbat imaginaire où se rendaient les véritables hallucinées, il y
avait des maisons de prostitution dirigées par de
vieilles proxénètes, où se tenaient, la nuit, les
grandes assises de la débauche. Ces sorcières actives se vantaient de leur science magique, de leurs
relations avec les démons, mais, en réalité, elles
ne connaissaient que les préparations de quelques
drogues stupéfiantes dont elles faisaient le plus
mauvais usage possible. Elles avaient passé toute
leur existence dans le vice ; et leurs passions, au
lieu de s'éteindre, s'étaient exaltées avec l'âge.
« Avant d'être sorcières, disait le Prof. Thomas
Erastus, ces *lamies* étaient libidineuses, et elles le
deviennent de plus en plus dans leurs rapports avec
le démon ».

Démonolâtrie épidémique en Allemagne
et à Constance (1485) (1)

HALLUCINATIONS. — ANTHROPHAGIE. — INCUBISME

Sur la plainte d'un inquisiteur, quarante et une
femmes, prévenues de démonolâtrie et d'anthropophagie furent jugées à Burbie, dans la Haute-
Allemagne, et condamnées au feu, en l'espace d'une
année.

(1) SPRANGER, *In mal. malefic.* et F. HENRICUS, *Inquisi-
tiones.*

Elles avaient avoué avoir été au sabbat, avoir égorgé des enfants, avoir dévoré les chairs et bu le sang, avoir eu des relations avec des diables.

Une autre épidémie semblable sévit à Constance et à Ravensbourg, pendant cinq années, et prit fin après la mort dans les flammes de quarante-huit hallucinées, sans compter les cas épars, ceux de plusieurs sages-femmes notamment atteintes du même délire.

Les juges inquisiteurs, dans ces affaires, s'inspirèrent du récit de Nider sur la sorcellerie des Vaudois. Ils constatèrent, d'après les aveux de certaines prévenues, que celles-ci égorgeaient les enfants pour en composer un philtre leur permettant de franchir l'espace pour aller au sabbat. D'autres s'accusèrent de se livrer à des démons incubes. Plusieurs prétendirent avoir causé des désastres, des inondations, des tempêtes par le pouvoir magique qu'elles tenaient de Satan. Quelques-unes subirent les plus horribles tortures avec une insensibilité si complète que les théologiens en conclurent que la graisse d'un premier-né du sexe masculin procurait cette faculté aux démonolâtres. Cette anesthésie générale permet donc de conclure que ces malheureuses étaient bien des hystériques.

Démonolâtrie en Catalogne (1507).

HALLUCINÉES DEVANT L'INQUISITION D'ESPAGNE.
CONDAMNATION AU FEU

Le tribunal de l'Inquisition d'Espagne avait déjà condamné au feu un grand nombre de démonolâtres au xmᵉ siècle. En 1507, il livra au même supplice trente femmes de Calahora, convaincues de démonolâtrie, incitées par leurs hallucinations à avouer leurs rapports et leur adoration pour les démons.

Épidémie de démonolâtrie en Lombardie (1515).

DÉLIRE ONIRIQUE. — VAMPIRISME. — SORTILÈGES

Dans les premières années du xvᵉ siècle, une violente épidémie régnait en Lombardie, à ce point que, de l'aveu de Barthélemy de Lépine, le Saint-Office, dans le seul district de Côme, en faisait mourir dans les flammes de l'orthodoxie *mille par an* (1).

Le délire de ces hallucinés portait sur des crimes

(1) BARTH. DE LÉPINE, *Quæst. de strigibus in mal. maleficorum.*

commis au sabbat avec des démons, sur les sortilèges qu'ils pouvaient accomplir ensuite avec une
poudre magique capable de donner la mort à tous
ceux qu'elle atteignait, principalement aux nouveau-nés.

Calmeil attribue au délire onirique les aveux
d'actes de vampirisme de ces femmes.

« Lorsque, dit-il, déjà ensevelies dans un profond
sommeil, leur imagination commençait à être affectée
de pareilles hallucinations, le lendemain, à leur réveil, il ne leur était plus possible de se persuader
que ce n'était qu'un songe, qu'elles avaient cru subir
des métamorphoses, immoler des enfants, voyager
sur le dos des démons. Il n'en fallait pas davantage
pour constituer un état de délire sérieux. »

Démonolâtrie en Navarre (1627).

DÉLIRE HALLUCINATOIRE GÉNÉRAL ÉPIDÉMIQUE

Cent cinquante femmes furent condamnées à
Estella à recevoir deux cents coups de fouet et consécutivement à la prison perpétuelle. Leurs hallucinations affectaient tous les sens : du côté de la
vue, c'était Satan qui leur apparaissait sous la
forme d'un bouc noir, et la couleur noire de l'hostie qu'elle recevait au sabbat ; du côté du goût,
c'était la saveur particulière des mets aux agapes
diaboliques ; du côté de l'ouïe, c'était le son d'airain
de la voix du diable ; du côté du sens génital, leur

cohabitation avec celui-ci, etc. Elles s'accusaient
aussi de vampirisme.

Quelques années plus tard, beaucoup d'autres
femmes furent condamnées au feu par l'Inquisition
de Saragosse, sous la même prévention que celles
d'Estella, et en raison d'une épidémie semblable.

Démonolâtrie en Savoie, dans le Languedoc et à Avignon.

GRANDE ÉPIDÉMIE DE 1574

En 1574, quatre-vingts paysans furent brûlés à
Valéry, en Savoie, quatre cents dans le Haut Lan-
guedoc et neuf cents à Avignon subissaient le même
supplice, sous l'accusation de démonolâtrie.

La forme de leur délire ne présentait rien de particulier, mais le fait important à noter c'était le
caractère absolument épidémique de ce délire, et la
férocité des juges du Saint-Office ainsi que les erreurs des démonologues.

« Bodin, en effet, écrivait que dans les procès de
sorcellerie de Valéry on pouvait voir le diable toujours semblable à soi-même, transport sur un bâton
mais sans onction, abjuration de Dieu, adorateur du
diable, danses, festins, baisers aux parties honteuses
de Satan, obligation de faire mille maux ».

En résumé; hallucinations générales de ces malades.

A Avignon, il y en eut aussi un grand nombre condamnés au bûcher, en 1582, comme nous l'a appris le père Michaëlis, avec cette circonstance qu'il signale dans son ouvrage que *ces malheureux venaient d'échapper comme par miracle à toutes les horreurs de la famine* (1). Après avoir avoué tous les prétendus crimes de la démonolâtrie, ils furent condamnés aux flammes, conformément au jugement suivant :

« L'Inquisition ordonne que les coupables soient mis à mort, de mort non vulgaire, mais telle qu'elle puisse effrayer et servir d'exemple à toute manière de gens... »

« L'exécution fut saintement exécutée à Avignon, la précente année mil-cinq-cent-octante-deux, ainsi qu'on pourra entendre par la sentence contre eux donnée, l'extrait de laquelle est au prochain chapitre, afin que chacun juge combien tels gens sont éloignés de la connaissance de Dieu et dignes du feu (2) ».

Calmeil fait observer, à propos de ces démonolâtres, que, d'après les documents du procès, tous ces sujets s'accordaient à confesser que les premières apparitions diaboliques ou que les premières hallucinations eurent lieu après de longues souffrances morales ou physiques. Cette opinion de notre ancien maître vient à l'appui de l'influence étiologique des causes physiques et des causes morales

(1) Michaïlis, *Discours sur les esprits*, 1587.
(2) Nicolaï Remigi, *Demonolatriæ libritès*, 1596.

sur ces épidémies de folie religieuse, agissant concurremment, comme je crois l'avoir démontré.

Démonolâtrie en Lorraine (1580).

Le foyer épidémique éclate en Lorraine en 1580.
Neuf cents malades furent livrés aux flammes en
quelques années. Leurs hallucinations étaient particulièrement actives et intéressaient tous les sens :
cohabitation avec les démons, voix grêle et mal
articulée de ceux-ci, langage spécial à leurs disciples, leurs incitations verbales à se tuer — suivies de quinze suicides dans une seule année —,
saveur cadavérique de mets présentés au sabbat,
vue du diable sous forme de bouc et d'assistants
voilés ou masqués(1). Ces hallucinés s'accusaient
encore des crimes les plus abominables, dans leur
délire.

Démonolâtrie à Saint-Claude (Jura) (1598).

L'épidémie de démonolâtrie se déclara dans le
district de Saint-Claude sur un grand nombre d'habitants des deux sexes, qui, tous, d'après la réqui-
sition du terrible Boquet, furent livrés aux flammes
des bûchers.

Une misère extrême régnait alors dans ce pays

(1) Nicolaï Remigï, ouv. cit.

sauvage et inculte. Les gens vivaient dans un profond état d'anémie, qui les prédisposait à la psychose démoniaque.

Leurs hallucinations portaient principalement sur l'incubisme et le succubisme, sur la vision de toutes les diableries ordinaires du sabbat. D'après la déposition de la femme Paget, sur la cohabitation des femmes avec Satan, lequel, disait-elle, « a des organes sexuels de la grosseur du doigt, qui la faisaient souffrir pendant le coït autant que dans un accouchement ».

Épidémie de démonolâtrie dans le pays de Labourd (Basses-Pyrénées) (1609).

Après deux apparitions, en 1566 et en 1576, où elle fit de nombreuses victimes, puisqu'elle fut la cause de la mise à mort de quarante-huit hallucinés, cette épidémie revint pour la troisième fois au pays de Labourd. Cette fois elle eut cela de particulier qu'elle s'est attaquée non seulement aux hommes et aux femmes, mais aussi à une multitude d'enfants.

La relation en a été donnée par de Lancre. Il fait observer qu'alors le pays de Labourd, qui forme aujourd'hui le département des Basses-Pyrénées, était stérile et inculte, que la misère des habitants y était fort grande et les poussait à une « mendicité intolérable ». Il fait remarquer encore que la

démonolâtrie, qui était devenue endémique en Navarre, était un foyer qui devait s'étendre fatalement
à la région française voisine. Et il n'est pas nécessaire, dit Calmeil, d'aller chercher au loin la cause
d'un fléau qui se montrait toujours prêt à re-
naître.

Le délire hallucinatoire affectait tous les sens.
Il était très actif chez les enfants, qui se sentaient
emportés en l'air par des femmes métamorphosées
en chattes.

« Deux mille enfants, écrit de Lancre, présentés au
diable au sabbat, par certaines femmes qu'ils nom-
ment par nom et prénom dont la plupart ont été
exécutées à mort comme sorcières, et les autres en
sont à la veille soutiendront le récit de ce transport,
sans jamais varier (1). »

Tous les démonolâtres reconnaissaient aller toutes
les nuits au sabbat, d'où les hallucinations multiples et variées dont ils étaient affectés. Quelques-
uns s'accordaient avoir vu l'endroit de prédilection
de la ville où trônait Sa'an. Espagnet et de Lancre
s'empressèrent d'y faire dresser une potence.

Parmi les hallucinations les plus intéressantes,
il faut citer, d'après de Lancre, celles de Marie Da-
guerre et de quelques autres :

« Il y a une grande cruche au milieu du sabbat
d'où sort le diable en forme de bouc... Il éclaire la

(1) DE LANCRE, ouv. cit,

réuni n par une flamme qui sort d'une de ses cornes,
à laquelle les sorcières viennent allumer leurs chandelles... Il a au devant son membre tiré et pendant,
et le montre toujours long d'une coudée, et une
grande queue au derrière et une forme de visage au-
dessous... »

La différence dans les hallucinations de la vue
des autres filles n'est pas grande ; Calmeil en a
conclu que « le délire se communiquait par voie
de contagion d'individu à individu ».

De Lancre a entendu d'autres démonolâtres affirmer avoir vu de grandes chaudières pleines de
crapauds, de vipères, de cœurs d'enfants non baptisés, chairs de pendus et autres charognes, de pots
de graisse et de poison, qui se débitaient comme
une marchandise précieuse, des danses indécentes
au son de chansons licencieuses et lubriques... Les
filles et les femmes avec lesquelles le diable s'ac-
couplait étaient couvertes d'une nuée pour cacher
ces exécrations...

La jeune de la Rolde a entendu le diable dire que
la crainte de l'enfer était une niaiserie. Elle a vu
au sabbat des prêtres, des pasteurs, curés, vicaires,
confesseurs et autres gens de qualité en grand
nombre.

Marie Aspilcuette a vu le diable sous la forme
d'un bouc portant un masque sous la queue... Elle
a vu couper des têtes de crapauds pour en faire des
poisons, des sorcières prendre différentes formes
d'animaux.

Jeanne Belot a vu au sabbat des gens transformés
en animaux ; elle a vu faire l'*aspergès* avec l'urine
du diable, entendu un sorcier jouer du tambourin,
un autre du violon.

Jeanne Abadie a vu le diable sous la forme humaine ayant des cornes sur la tête avec une double
figure et une grande queue.

« J'ai abandonné, dit-elle, ma virginité au diable ;
je redoutais l'accouplement de Satan, parce que son
membre fait en écailles me causait une extrême douleur et que sa semence me paraissait extrêmement
froide.

... J'ai vu les sorciers s'accoupler incestueusement.
J'avais un merveilleux plaisir à me livrer à la débauche, mais c'est chose horrible que de subir les
approches de Belzébuth... J'ai vu des tables dressées,
somptueusement servies... On dévorait beaucoup
d'enfants au sabbat, et j'étais présente quand on y a
dévoré l'enfant du lieutenant criminel. »

Plusieurs prêtres ont dit devant elle la messe du
sabbat.

Jeanne d'Abadie a vu manger devant elle plusieurs enfants et entre autres le fils de maître de
Lasse.

Comme on le voit, les hallucinations dominantes
étaient celles de la vue et du sens génital, chez les
femmes et les filles du Labourd.

D'après l'ensemble de ses interrogatoires, de
Lancre dit qu'après les festins et la danse venaient
les accouplements infâmes et maudits. Les femmes

en contaient avec plaisir les circonstances les plus
impudiques. Les filles les plus jeunes faisaient
preuve d'un cynisme révoltant. Quiconque, fait observer Calmeil, qui n'a pas lu la procédure de de
Lancre, n'a pas une idée de la perversion où peut
atteindre l'imagination de certaines femmes alié-
nées.

Les pratiques de la sodomie et tous les genres
d'incestes étaient exigées par Satan. Jeanne, une
jeune fille de seize ans, dit que les assistants s'accouplaient de la manière que la nature abhorre le
plus. Dès l'âge de treize ans, ajoute-t-elle, je me
suis livrée à tous et au diable dont les parties
sexuelles sont faites d'écailles. Le membre du diable,
s'il était étendu, serait environ d'une aune, mais
il le tient entortillé et sinueux en forme de serpent.
Marie, une jeune fille de 19 ans, fait une déposition
semblable, de même que Marie-Marigrane, âgée de
15 ans. Une autre, âgée de 16 ans, Marguerite,
affirme que

« le diable s'est présenté à elle en forme d'homme, et
lui a fait venir un lit de soie pour faire l'amour. Les
parties sexuelles sont visibles pour tout le monde et
en tout semblables à ceux d'un cheval (1). »

Qu'on ne pense pas qu'il y ait de l'exagération
dans les récits des démonologues du Moyen Age.
Tous sont d'accord sur le cynisme des aveux de ces

(1) DE LANCRE, ouv. cit., p. 225.

hallucinées, même les médecins de l'époque, tout
en protestant cependant contre les bûchers de l'Inquisition.

Pour terminer la relation de l'épidémie du Labourd, j'ajouterai qu'une dizaine de prêtres furent
dégradés et condamnés sans autres preuves que les
témoignages des femmes et des filles hallucinées,
qui affirmaient devant les juges qu'elles les avaient
vus au sabbat.

Malgré le nombre extraordinaire des bûchers
allumés, malgré les prisons pleines, malgré toutes
les séquestrations au fort de Ha, il fut impossible
d'en finir avec tous les démonolâtres de pays, et les
juges durent se retirer de ce foyer d'épidémie, sans
avoir eu le temps de terminer toutes les affaires qui
leur étaient soumises.

Epidémie de démonolâtrie en Navarre (1610).

L'épidémie du pays de Labourd venait d'Espagne,
celle de la vallée de Bastan en Navarre, où beaucoup de familles basques s'étaient réfugiées, venait
du pays de Labourd.

Ce fut devant le tribunal de Logrono que les
prévenus de démonolâtrie vinrent raconter ce qu'ils
savaient sur les mystères du sabbat (1). C'est tou-

(1) *Témoignages recueillis par de Lancre et l'abbé Llorente.*

jours la même histoire : hallucinations de la vue
et du sens génital principalement.

Les assemblées diaboliques se tenaient trois fois
par semaine au pré du bouc et étaient présidées par
le diable, assis dans une chaire noire, avec une
couronne de cornes noires sur la tête et une au
front qui était lumineuse. Après l'avoir adoré, on
assiste à une messe diabolique, et finalement on lui
baise le derrière et on communie avec un morceau
d'hostie et un breuvage infect.

La cérémonie se termine, dit l'abbé Llorente,
par l'union charnelle du diable avec tous les
hommes et toutes les femmes, et il ordonne ensuite
aux assistants de l'imiter... Enfin, il se retire en
se transformant en un animal quelconque, loup,
chat, oiseau de proie, etc. D'après ce que témoi-
gnent d'autres hallucinés, le démon exige qu'on
déterre les cadavres des chrétiens, qu'on en mange
et qu'on en fasse manger. Satan se nourrit de cette
pâture et ses maîtres d'hôtel et ses pages en offrent
à ses fidèles. Llorente raconte aussi l'art démoniaque de composer des poisons avec lézards, crapauds, serpents, cervelles et os qu'on a dérobés au
sépulcre, et l'on fait bouillir le tout!...

Les juges du Saint-Office crurent à la réalité de
ces révélations, sans en discuter la valeur, comme
toujours. Ils accueillirent avec la même croyance
ridicule tous les dires de ces pauvres filles s'accusant de tous les crimes et de toutes les prostitu-
tions.

La conclusion fut l'exécution du jugement qui eut lieu le 6 et le 8 septembre 1610 à Lograno. Ce fut un auto-da-fé extraordinaire, avec une mise en scène grandiose : Une quantité de curieux venus pour jouir du spectacle, une procession solennelle avec l'étendard du Saint-Office accompagné de mille de ses officiers portant l'écusson d'or, d'une masse de religieux de tous les ordres.

Sur la place où avait été dressé le théâtre, on avait planté la croix entourée de torchères. Et on amena les condamnés, en tenue de pénitents, avec la corde au cou et une chandelle à la main, chacun entre deux huissiers de l'Inquisition. Le cortège se terminait par un mulet chargé de tous les actes de la procédure.

Après en avoir donné lecture et avoir entendu un sermon de circonstance, onze furent immédiatement livrés au bourreau pour être brûlés vifs, plus des caisses d'ossements de décédés reconnus coupables *post-mortem* des crimes diaboliques. Le tribunal, usant de clémence, n'avait condamné les autres qu'au fouet et à la prison...

Epidémie de démonolâtrie en Sologne et dans le Berry (1615).

En un an, vingt et un démonolâtres comparurent devant la Chastellenie de Brécy. La justice inquisitoriale les condamna presque tous au feu ; plusieurs furent pendus et trois furent bannis.

Un vieillard, nommé Névillon, âgé de 77 ans, condamné à la corde, mourut dans son cachot avant l'exécution. Il était accusé d'avoir été au sabbat d'Olivet, où il avait vu le diable, sous forme d'un bélier, faisant l'*asperges diaboli* avec de l'urine, et beaucoup d'autres diableries... Les viandes qu'il mangeait aux assemblées étaient « fades et la voix du diable ressemblait à celle d'une personne parlant dans un tonneau vide (1) ».

Pour le meurtre d'un homme, le diable payait huit sous aux sorciers et pour le meurtre d'une femme, cinq sous. Un des prévenus, Gentil Leclerc, fut d'abord pendu et ensuite brûlé pour avoir avoué au lieutenant criminel qu'il était le fils d'une sorcière, qu'il fut baptisé au sabbat par un bouc nommé *Aspic*, et que quatorze enfants furent baptisés ainsi pendant la même séance.

« Aux messes sabbatiques la patène ressemble, disait-il, à une vieille tuile, l'eau bénite à de l'urine, la croix de la chasuble n'a que trois branches, le pain et le calice sont tout noirs... les sorciers s'accouplent sans distinction de sexe ; j'ai fait mourir beaucoup de villageois et je sais faire danser les taureaux dans un cercle... »

Pas un juge n'eut la pensée que ces malheureux pouvaient être des aliénés.

(1) Chenu, *Questions notables*, et De Lancre, *De l'incrédulité et mécréance.*

Grande épidémie de démonolâtrie (1670)
à Eldfalem (Suède).

D'après Bekker (1), le village de Mohra près
d'Eldfalem fut un foyer d'ensorcellement inouï qui
nécessita la création d'un tribunal exceptionnel.
composé de juges et de prêtres, lequel condamna
quatre-vingt-cinq démonolâtres à être brûlés, comme
convaincus de « magie diabolique », sans compter
un grand nombre d'autres qui furent condamnés à
des peines moins sévères. Tel fut le tribut que
payèrent les habitants du district de Mohra à « une
maladie importée », suivant l'expression de Calmeil.

De la procédure des juges, il résulte que, d'après
les aveux des inculpés, ils invoquaient un diable
nommé Antesser, avec lequel ils se rassemblaient
en un lieu appelé Blocula. Ce diable avait une
figure humaine avec une barbe rousse ; portait un
vêtement gris, des bas bleus, des souliers rouges,
un chapeau pointu orné de rubans.

Ils allaient au sabbat la nuit montés sur des
chèvres, des moutons ou sur les épaules de diables.
Ils dérobaient des enfants. Ils se livraient au plaisir
de la table et de l'amour. Les incubes et les succubes
s'unissaient ensemble et engendraient des reptiles.
Ils pouvaient faire mourir les hommes sans les
toucher...

(1) BEKKER, *Le Monde enchanté*, t. IV.

C'était toujours, comme on le voit, le même récit hallucinatoire que ceux des démonolâtres de France et d'Espagne, les mêmes tribunaux et les mêmes flammes orthodoxes des bûchers.

Démonolâtrie de la Haye-Dupuis (Normandie).

C'est en 1670, que le parlement de Normandie eut à juger cette affaire, dans laquelle cinq cents villageois étaient compris, et rendit un arrêt en condamnant dix-sept à mort.

C'est sur la dénonciation d'un jeune homme épileptique et aliéné, nommé Ernouf, se disant persécuté et maléficié par les sorciers, que le bailli reçut l'ordre de procéder à une information. Plusieurs habitants furent d'abord arrêtés et beaucoup d'autres ensuite.

Les témoins accusèrent le curé Quertier, qui fut martyrisé et condamné à mort, puis le curé Morin, auquel on reprocha d'avoir parodié la messe en plein sabbat, d'avoir mis les pieds en l'air, pendant que d'autres prêtres soufflaient sur la patène.

Un démonolâtre s'accusa d'avoir mangé de la chair humaine. Plusieurs autres disaient avoir vu des cadavres d'enfants apportés au sabbat, etc. Les hallucinations de ces individus n'intéressaient que le sens de la vue.

L'instruction dura six mois, les pièces du procès furent envoyées au parlement de Rouen. L'arrêt condamnait dix-sept accusés à la peine de mort sur le bûcher.

Heureusement, Louis XIV commua la peine en celle du bannissement perpétuel, et maintint sa décision malgré les remontrances du parlement. Cet acte de l'autorité royale mit fin aux procès de démonolâtrie.

Lycanthropie du pays de Vaud (1436).

Cette forme de démonolâtrie portait le nom de *Vaudoisie,* très probablement du nom de *Vaudès* très anciennement donnée aux habitants des vallées dauphinoises et piémontoises, comme synonyme de sorcier.

C'est en 1436 que des paysans du canton de Vaud furent accusés d'anthropophagie, de manger leurs propres enfants pour satisfaire la férocité de leurs appétits. On les disait soumis à Satan, et on faisait courir le bruit que treize personnes avaient été dévorées par eux en très peu de temps. Immédiatement le juge de Boligen et l'inquisiteur d'Eude instruisirent l'affaire. Manquant de preuves, pour obtenir des aveux, ils exposèrent, comme le dit Calmeil, des centaines de malheureux aux tortures du chevalet. Ensuite, ils en firent périr un nombre considérable dans les flammes. Des familles entières, frappées de terreur, s'empressèrent d'évacuer les localités et de chercher un refuge sur des terres plus hospitalières ; mais le fanatisme et la mort les suivirent comme à la piste.

La torture morale et physique que subirent ceux qui étaient soupçonnés de cette sorcellerie anthropophagique, fit confesser à quelques-uns d'entre eux qu'ils avaient le pouvoir de faire périr les enfants par le charme de leurs paroles, que les onguents faits de graisse humaine leur donnaient la propriété de voguer, à leur gré, dans les airs, que les pratiques de la science des démons leur permettaient de faire avorter les vaches et les brebis, de faire tomber la foudre et la grêle sur les propriétés d'autrui, d'amener des inondations, etc (1). Voilà quelle fut l'épidémie d'anthropophagie de 1436, tout à fait semblable à celles de la démonolâtrie ordinaire. Il s'agissait, en effet, de sorciers et de possédés, c'est-à-dire d'hallucinés s'accusant devant les tribunaux de crimes imaginaires.

Comme exemple, on peut citer le paysan dont parle Job Fincel, ainsi que Pierre Burgot, de Verdun, qui n'hésitèrent pas à se reconnaître coupables de lycanthropie. Ils furent naturellement brûlés vifs à Poligny, mais on ne retrouva jamais les moindres restes des cinq cadavres de femmes et d'enfants qu'ils prétendaient avoir dévorés en partie. Ils disaient que pour se transformer en louves, ils faisaient usage d'une pommade que le diable leur avait donnée ; et, dans cet état, ils s'accouplaient avec des loups.

(1) NIDER, *In malleo maleficorum.*

Jean Wier, qui a fait de longs commentaires sur
ce dernier cas de lycomanie, a pensé que la maladie
de ces deux hommes pouvait se rapporter aux
onctions narcotiques dont ils faisaient usage? Mais
Calmeil incline à considérer, d'une manière générale, la lycomanie comme un délire partiel confinant à la monomanie homicide.

Lycanthropie dans le Jura (1598).

A la même époque, aux symptômes ordinaires de
la démonolâtrie, survint chez quelques sujets,
comme complication de leur délire, la lycanthropie.
Se croyant changés en loups, ils s'accusaient
d'étrangler et de dévorer les enfants.

Le procès, relaté par Boguet, qui s'était vanté à
la fin de sa vie d'avoir fait périr à lui seul six cents
lycanthropes ou démonolâtres, paraît avoir démontré que certains de ces sujets, sous la violence
de leur délire, avaient réellement commis quelques
meurtres sur des enfants du pays. La lycanthropie,
comme la démonolâtrie, portaient les malades au
meurtre et à l'homicide.

Pernette Gandillon se croyant changée en louve
courant à quatre pattes dans la campagne, se jeta
sur une petite fille qu'elle tua d'un coup de cou-
teau, malgré les efforts de son frère pour la défendre.
Cette femme aurait été mise à mort sur le champ
par les habitants.

La sœur et les deux frères de Pernette étaient aussi des lycanthropes ; ils marchaient à quatre pattes, tout en s'accusant de démonolâtrie. Ils furent brûlés tous les trois. Thievenne Paget, Antoinette Tornier, Clauda Guillaume s'accusèrent quelque temps après de lycanthropie, d'avoir dévoré les enfants qu'elles avaient préalablement fait mourir. Leurs meurtres furent, dit-on, vérifiés, car elles avaient les noms de leurs victimes. Elles furent livrées aux flammes, ainsi que Claudia Gaillard, qui avait assailli une jeune fille du nom de Jeanne Périn, de même que Rolande Duvernois accusée de sorcellerie, condamnée au bûcher, comme les autres, sur le réquisitoire du juge Boguet.

Comme on le voit, la lycanthropie n'était qu'une complication rare de la démonolâtrie. L'anthropophagie dont étaient accusés les démonolâtres du pays de Vaud ne fut jamais prouvée par un fait, pas plus que la lycanthropie de ce demi-imbécile de 14 ans, Jean Grenier, de la Roche-Chalais, condamné à la prison perpétuelle.

Le procès de lycanthropie fait à Garnier, dit l'ermite, condamné au feu par la « Court souveraine du parlement de Dôle » laisserait supposer cependant que ce démonolâtre avait réellement étranglé plusieurs enfants et s'était repu de leur chair. Après avoir avoué, il fut condamné au feu ; et, par arrêt dudit parlement il fut permis aux paysans des environs de faire la chasse aux loups-garous.

Par contre, en 1598, un demi-imbécile du nom de Jacques Roulet fut condamné à mort par le lieutenant criminel d'Angers et renvoyé dans un hospice de fous par le parlement de Paris. Il avait déclaré qu'il avait dévoré en partie un jeune garçon âgé de 15 ans, dont on avait retrouvé le cadavre auprès duquel se trouvaient deux véritables loups, qui étaient les vrais coupables.

L'histoire de la lycanthropie(1), à la réalité de laquelle croyaient Théophraste, Pomponace et Fernel, malgré l'opinion de Paul d'Egine qui considérait les lycanthropes comme des malades, se borne là. Elle a fait plus de bruit que n'en comportait son importance.

Je ne puis cependant passer sous silence quelques faits de lycanthropie mentionnés par Jean Wier (2). D'après lui, Guillaume de Baboul aurait recueilli l'observation d'un homme qui était tellement travaillé du diable, que toute l'année il courait dans les bois, cavernes et déserts après les petits enfants, mais qu'enfin il revint à lui et fut guéri.

J. Wier, dit encore : A Pavie, en 1541, un villageois, pensant être loup, assaillit plusieurs hommes

---

(1) La mythologie ne pouvait manquer de s'emparer de la lycanthropie. Virgile vante la puissance des herbes enchantées cueillies dans le Pont, grâce auxquelles Daphnis pouvait se changer en loup et s'enfoncer dans le bois (Egl. VIII).

His ego sæpe lupum fieri et se condere silvis.

(2) J. WIER, édit. Lecrosnier, t. I, p. 595.

et en tua quelques-uns. Pris par ceux qui s'étaient soustraits à ses attaques, il leur dit être loup mais qu'il avait la peau retournée. Très gravement blessé par ces paysans, il fut porté à l'hôpital où on ne le reconnut pas responsable de ses méfaits, mais il mourut bientôt de ses blessures.

CHAPITRE VI

Hystéro-démonopathie.

A la fin du xve siècle, alors que la démonolâtrie sévissait sur la population laïque, on vit éclater dans les cloîtres de l'Europe occidentale, une autre forme de folie religieuse, l'hystéro-démonopathie, constituant de véritables foyers épidémiques contagionnant quelquefois la population laïque ambiante.

Malgré son analogie avec la démonolâtrie, elle avait une véritable autonomie ne permettant pas de la confondre avec celle-ci. C'était une névrose caractérisée par des troubles complexes du système nerveux de la vie de relation et de la vie organique. Dans les observations de cette épidémie, on constatera, en effet, les phénomènes suivants :

L'anesthésie de certains points de la surface cu-tanée, dans les fameuses marques du diable que les inquisiteurs recherchaient avec des sondes acérées, anesthésie générale dans la théomanie.

L'hyperesthésie et les spasmes de l'estomac et des organes abdominaux, dans les hallucinations d'empoisonnement par les maléfices, dans les sensations viscérales attribuées à la présence des démons dans leurs organes abdominaux.

L'hyperesthésie de l'ovaire, de l'utérus et du vagin dans la cohabitation avec les incubes ;

Les troubles vaso-moteurs, dans les traces cutanées, ayant quelques apparences avec les attributs du diable, mais produites tout simplement quelquefois par le contact d'un corps étranger ;

Les spasmes du pharynx et des muscles laryngés, dans la toux, les *cris*, les *aboiements* de la période prodromique des *accès convulsifs*, complication fréquente de la névrose.

Le somnambulisme, dans l'exécution de mouvements divers, — quelquefois en opposition avec les lois de l'équilibre — possibilité de se courber en arc et de ramper avec le seul appui de la tête et des talons ; dans l'état de lucidité d'esprit en dehors de l'état de veille, avec ou sans la faculté de médiumnité, dans la perception des sensations sans l'intervention des sens, dans les hallucinations sensorielles par un simple attouchement, dans l'extase avec perte du sens du toucher et hallucinations de la vue ;

La suggestion, inconsciemment provoquée, dans les modifications rapides de la sensibilité, les altérations de la motilité, dans les mouvements automatiques exécutés par imitation ou par l'empire d'une volonté étrangère, et, en général, dans la pénétration de l'idée des phénomènes dans le cerveau, par la parole, le geste, la vue, la pensée ;

La léthargie, dans la dépression de toutes les parties du corps et une prédisposition des muscles à la contracture ;

La catalepsie, dans l'immobilité du corps, la fixité du regard et la rigidité des membres dans toutes les attitudes qu'on veut leur donner, — phénomène assez rare cependant ;

Les hallucinations oniriques, visuelles, auditives, olfactives, génitales, principalement, avec excitation clitorido-vaginale.

Le délire de la haine de Dieu et des prières, l'impulsion irrésistible de blasphémer, de prononcer des paroles obscènes, et des malédictions à ceux qui les approchent et aux exorcistes principalement.

Le délire d'hétéro-accusation avec un grand caractère de vraisemblance ; le *délire d'auto-accusation*, malgré les conséquences graves qui pouvaient en résulter ; le *délire d'auto-hétéro-accusation* compromettant les personnes étrangères ; enfin le *délire prophétique*.

La possession diabolique, comme dans la démonolâtrie, avec la conviction que les démons parlent par leur bouche et sont dans leurs organes.

La xénoglossie, possibilité de comprendre et de s'exprimer dans une langue étrangère, pendant la période délirante.

L'insomnie souvent persistante ; les *accès de*

fureur à la suite des douleurs physiques et morales éprouvées dans leurs accès.

En résumé, il faudra reconnaître dans l'hystéro-démonopathie le rapport direct des idées mystiques et des idées érotiques. Il en est de même, d'ailleurs, dans la folie hystérique que l'on voit journellement, dans nos services d'aliénés. Combien de fois avons-nous observé des jeunes filles, des novices des communautés religieuses assez souvent, atteintes de délire nymphomaniaque, tenir des discours obscènes malgré leur chasteté physique. Qu'on observe dans un coin du préau des agitées, cette pauvre enfant atteinte de folie religieuse... Ou elle est dans l'extase d'une incarnation divine, ou elle est dans un violent état d'excitation sensuelle. A l'entendre, on pourrait se demander si réellement c'est une sainte, ou

« Vénus tout entière à sa proie attachée »

mais non pas la Vénus aphrodite, l'ourani de Xénophon, mais la Vénus pandémos, qui personnifiait la prostitution.

De même, parmi les sorcières, si un certain nombre appartenait au proxénétisme ou s'adonnait à la débauche, il y en avait d'autres n'ayant jamais été souillées, et cependant n'hésitant pas à s'accuser des abominations les plus sadiques du sabbat, et même à tirer vanité de leur cohabitation avec le diable. Il faut se rappeler aussi que l'érotisme de la folie religieuse du Moyen Âge pouvait avoir un

coefficient très élevé, en raison de la corruption
des mœurs de toutes les classes sociales, — corruption qui avait pénétré en Grèce avec la civilisation
latine, elle-même héritière des traditions de Cythère
et de Lesbos.

Hystéro-démonopathie du couvent de Cambrai (1491).

La relation de cette épidémie, la première observée, nous a été transmise par Del Rio (1), qui l'a
attribuée à une possession diabolique des religieuses
de Cambrai (2).

Jeanne Pothière fut prise d'abord. Ses compagnes furent ensuite contagionnées par elle. On
les vit alors courir à travers la campagne, s'élancer
en l'air, grimper aux arbres comme des chats, se
suspendre aux branches, contrefaire les cris d'animaux, vaticiner, etc.

On les exorcisa. Et le diable, par la bouche d'une
de ces possédées, déclara que c'était Jeanne Pothière qui l'avait introduit au couvent, qu'il avait
cohabité avec elle quatre cent-trente-quatre fois,
depuis l'âge de neuf ans, sans compter les actes contre nature auxquels il se livrait avec elle, depuis
qu'elle était entrée en religion.

(1) DEL RIO, *Disquisit. mag.*
(2) Déjà, en 1544, Madeleine de la Croix, abbesse de
Cordoue, avait été condamnée comme démonolâtre, après
avoir présenté des symptômes de démonopathie.

Ce témoignage suffit pour faire condamner cette pauvre fille à la prison perpétuelle.

Telle est la plus ancienne observation d'hystéro-démonopathie des cloîtres, où vivent en communauté des filles astreintes volontairement aux pratiques religieuses. Cette affection dura quatre ans, malgré les exorcismes, les prières spéciales du pape au cours d'une messe solennelle, et les traitements médicaux qui leur furent prescrits.

Hystéro-démonopathie d'Uvertet (1550).

On vit tout à coup survenir, à cette époque, un grand nombre d'épidémies d'hystéro-démonopathie semblables dans les couvents de femmes. Les nonnes d'Uvertet, en Belgique, à la suite d'un jeûne rigoureux, furent prises d'abord de troubles nerveux divers. Pendant la nuit, on les entendait pousser des gémissements ou se laisser aller à des rires involontaires. Ensuite, elles accusèrent une force supérieure de les tirer, à un moment donné, de leur lit. Elles avaient, en même temps, des contractures qui se manifestaient dans les muscles du visage et des membres. Elles se jetaient parfois les unes sur les autres en se portant des coups furieux ; d'autres fois on les trouvait étendues sur le sol, comme inanimées, et à cette espèce de léthargie succédait une agitation maniaque d'une grande violence. Comme les moinesses de Cambrai, elles montaient aux ar-

bres et en redescendaient comme les chats, la tête
en bas et les pieds en l'air.

On attribua ces phénomènes à un pacte. La justice, s'en rapportant aux hétéro-accusations de ces
saintes filles, arrêta comme sorcière une sage-
femme des environs, qu'on s'empressa de mettre à
la question jusqu'à ce que mort s'en suive.

Hystéro-démonopathie de sainte Brigitte (1551).

Les moinesses du monastère de Brigitte et du
couvent de Néomage, au Mont-de-Hesse, furent atteintes de la même névrose, en 1551, laquelle dura
dix ans.

Dans leurs accès, les religieuses imitaient les cris
des animaux, elles bêlaient comme les moutons. A
l'église, les unes après les autres étaient prises de
syncope convulsive suivie d'étouffements et de
spasmes œsophagiens persistant quelquefois pendant plusieurs jours et les condamnant à une diète
forcée.

Cette épidémie avait commencé à la suite des
crises d'hystérie convulsive chez une jeune religieuse, qui était entrée au couvent pour cause de
contrariétés amoureuses. Convaincue d'avoir amené
le démon avec elle, on l'enferma pour toujours dans
les prisons de l'Eglise.

Les religieuses du Mont-de-Hesse étaient aussi
des démoniaques semblables. Les démons étaient

accusés par elles, dans le but de les séduire, de leur faire entendre la nuit des sons de harpe et d'autres instruments de musique. Une d'elles croyait partager sa couche avec un diable transformé en chien. Celle qui fut reconnue avoir apporté l'hystéro-démonopathie au couvent fut condamnée à la prison perpétuelle.

Les juges de l'Inquisition étaient moins cruels pour les hystéro-démonopathes que pour les démonolâtres.

Hystéro-démonopathie de Kintorp (1552).

Les religieuses du noble couvent de Kintorp, près de Strasbourg, se dirent possédées en l'année 1552.

Les convulsions et les contractures musculaires ainsi que le délire firent d'abord croire à l'épilepsie. Progressivement et par voie de contagion, toutes les religieuses furent atteintes. Quand les accès hystériques survenaient, elles poussaient des espèces de hurlements, comme les animaux, puis elles se jetaient les unes contre les autres et se déchiraient avec les dents et les ongles. Chez celles qui avaient des convulsions, les muscles du pharynx participaient à l'état spasmodique général. Les accès étaient annoncés par la fétidité de leur haleine et une sensation de brûlure à la plante des pieds.

Un jour, quelques jeunes sœurs dénoncèrent la

cuisinière du couvent, Elise Kame, comme sorcière, quoiqu'elle fut atteinte comme les autres d'hystérie convulsive. Cette accusation fut suffisante pour que cette malheureuse, ainsi que sa mère, fussent livrées aux flammes. Leur mort n'amena pas naturellement la guérison des religieuses. La maladie nerveuse, au contraire, se répandit dans les environs, attaquant principalement les femmes et les filles dont l'imagination était frappée par les récits des faits arrivés aux pensionnaires du couvent.

Nous devons faire remarquer, à propos de cette observation, que la médecine ne connaissait pas, à cette époque, les convulsions de l'hystérie, qui étaient confondues avec celle de l'épilepsie. Les spasmes du larynx, les contractures musculaires que nous provoquons aujourd'hui expérimentalement dans la phase somnambulique de l'hypnotisme étaient considérés comme des signes de possession diabolique.

Quant à la fétidité de l'haleine, qui décelait la présence du diable chez les religieuses, c'est un symptôme fréquent dans les affections graves du système nerveux. Elle est souvent un prodrôme d'un accès ou d'une série d'accès maniaques ou convulsifs, et j'ai constaté également que cette fétidité de l'haleine coïncide avec une odeur nauséabonde de la sueur et des urines, à laquelle je crois pouvoir attribuer la même valeur séméïologique que celle de la bouche.

Parmi les habitants des environs du couvent qui

furent contagionnés, J. Wier rapporte que cinq hommes montrèrent du délire maniaque très accentué, en présence de l'exorciste. Dans le village de Howel, la démonopathie se déclara chez un grand nombre d'habitants, qui payèrent de leur liberté ou de leur vie les aveux qu'ils firent aux juges.

Hystéro-démonopathie contagieuse à Rome (1554).

Soixante-dix orphelines juives nouvellement converties furent attaquées successivement de folie hystéro-démoniaque. Ces jeunes filles, dit J. Wier, demeurèrent en cet état plus de deux ans, mais il n'en a pas décrit les symptômes.

Bodin n'a vu là qu'un cas nouveau de possession diabolique, quoiqu'il affirme qu'un bénédictin n'obtint aucun succès à la suite de ses exorcismes, pendant six mois qu'il demeura à Rome pour chasser le diable du couvent.

Hystéro-démonopathie à Amsterdam.

A peu près à la même époque, trente enfants orphelins de l'hospice d'Amsterdam furent atteints d'une affection semblable que Calmeil a qualifiée d'hystéro-démonopathie contagieuse.

Les symptômes décrits par J. Wier étaient les suivants :

« Par intervalles, les enfants se jetaient contre
terre, et ce tourment durait une demi-heure ou une
heure au plus. S'estant relevez debout ils ne se sou-
venoyent d'aucun mal ni de chose quelconque faite
lors, ains pensoyent avoir dormi. »

Les médecins ayant échoué dans les divers traitements qu'ils avaient prescrits, croyant qne ces
enfants étaient possédés du démon, on s'adressa
aux exorcistes, « qui perdirent leur temps ». Cependant, pendant leurs exorcismes, quelques enfants,
a-t-on dit, vomirent un tas de choses diverses : des
cheveux, des aiguilles, des morceaux de drap, des
morceaux de verre et de poterie, etc.

« Ces enfants, ajoute J. Wier, mettoient en avant
sans y penser beaucoup de choses qui surpassoyent
leur portée et leur âge (1). » D'après Host et Bekker,
« ils grimpoient comme des chats sur les murailles et
sur les toits et avaient un regard si affreux et si hideux que les plus hardis sembloient en avoir peur.
*Ils parloient des langues étrangères et savoient ce qui
se passoit ailleurs, dans le grand conseil de la ville ».*

Les convulsions hystériques de ces enfants ne
présentent rien de très remarquable que la contagion qui les a généralisés. Mais la clairvoyance et la
possibilité de s'exprimer en langues étrangères in-
diquent un état psychique que nous retrouverons
dans l'histoire de l'hystéro-démonopathie et sur

(1) Ioannes WIERUS, *Histoires, disputes et discours,*
lib. IV.

lequel, à ce sujet, nous résumerons un travail très intéressant de M. le Pr Richet, sous le nom de *xénoglossie*, publié en 1905.

Hystérie convulsive, nymphomanie et délire au couvent de Nazareth, à Cologne.

Cette affection se montra en 1554 à Cologne. J. Wier, qui s'empressa d'aller examiner les malades, reconnut que les religieuses étaient possédées du démon de la lubricité ! et que la débauche la plus effrénée régnait dans le monastère. Bodin nous en a fourni les preuves ; c'est lui qui a écrit cette histoire de religieuses érotiques :

« Quelquefois l'appétit bestial de quelques femmes fait croire que c'est un démon, comme il en advint en l'an 1556 au diocèse de Cologne. Il se trouva en un monastère un chien qu'on disoit être un démon, qui levoit les robes des religieuses pour en abuser. Ce n'estoit point un démon, comme je croy, mais un chien naturel. Il se trouva à Toulouse une femme qui en abusait de ceste sorte, et le chien devant tout le monde la vouloit forcer. Elle confessa la vérité et fut brûlée.

« Mais il se peut faire que Satan soit envoyé de Dieu, comme il est certain que toute punition vient de luy, par ses moyens ordinaires ou sans moyen, pour venger une telle vilanie : comme il advint au monastère du Mont-de-Hesse en Allemagne, que les religieuses furent démoniaques ; et voioit-on, sur leurs licts, des chiens qui attendoient impudique-

8

ment celles qui estoient suspectes d'avoir abusé et
commis le péché qu'elles appellent le péché
muet (1). »

Ainsi a écrit Bodin, l'accusateur public des sorcières laïques et religieuses! N'eût-il pas fait preuve
d'une plus grande perspicacité, s'il avait humaine-
ment jugé les actions humaines, s'il avait condamné,
comme une absurdité sociale, les innombrables
couvents et monastères, où le fanatisme attirait au
Moyen Age tant d'hommes et de femmes sans vocation religieuse. Les convulsions de ces filles nym-
phomanes étaient très violentes et entrecoupées de
mouvements cyniques du bassin qu'elles exécu-
taient dans le décubitus dorsal, en fermant les paupières.

Après ces crises, les nonnes étaient dans un grand
état de prostration et respiraient difficilement.
C'est la jeune Gertrude qui fut atteinte la première
de la névrose convulsive et l'on disait que c'était
elle qui avait apporté les pratiques nymphoma-
niaques dans le couvent et avec elles les esprits malfaisants dont étaient possédées ces religieuses. Par
extraordinaire, Bodin ne parle pas des flammes de
l'orthodoxie...

(1) BODIN, *Dém. des sorciers.*

Epidémie de possession démoniaque à Milan
(1590).

Cette épidémie affecta un couvent situé dans les
environs de Milan. D'après les récits de Del Rio et
de de Lancre, le symptôme prédominant fut le délire hallucinatoire chez les trente religieuses possédées.

Elles apercevaient l'esprit malin sous différentes
formes très suggestives. Mais, en d'autres circonstances, pour les effrayer, il prenait la forme d'un
lion, d'un serpent, d'un ours avec une gueule ouverte menaçante, ou d'un soldat les visant avec son
escopette. Il leur apparaissait encore en moine, les
incitant par ses discours aux choses les plus impies.

Une de ces religieuses éprouva une si grande cha-
leur dans tout son corps qu'elle fut obligée, malgré
la rigueur de la saison, d'aller se rouler dans la
neige du jardin. Un autre vit Sainte Ursule, derrière laquelle s'avançait une longue théorie de démons déguisés en religieuses, bannière en tête.
Leurs propositions déshonnêtes ayant été repous-
sées, ils partirent en injuriant la malheureuse
nonne.

Hystéro-démonopathie à Aix. Mal de Laira (1609).

Deux religieuses du couvent de Sainte-Ursule,
d'Aix, se dirent possédées : c'étaient Madeleine de

Mandoul et Loyse Capel. On les exorcisa sans le moindre succès. Conduites au couvent de Sainte-Baume, elles dénoncèrent Louis Gaufridi, prêtre de l'Eglise de Acoulès, de Marseille, d'être magicien et de les avoir ensorcelées.

L'inquisiteur Michaëlis a rédigé les procès-verbaux d'exorcisme. On constate en les parcourant tous les symptômes de l'hystérie convulsive, de la nymphomanie, de la catalepsie, du délire hallucinatoire. Michaëlis ne vit là néanmoins que les œuvres différentes de plusieurs démons qui tourmentaient l'un après l'autre les saintes filles, à l'instigation de Louis Gaufridi. Celui-ci, on le comprend, fut arrêté, jugé, dégradé par le bourreau et conduit au bûcher, la hart au cou, pieds nus et la torche à la main. Cet homme, en état de démence, avait avoué être l'auteur de la démonopathie des religieuses.

Démonopathie de sainte-Brigitte de Lille.

A peine Gaufridi avait-il été livré aux flammes de l'Inquisition que les filles du couvent de Sainte-Brigitte, de Lille, qui avaient assisté aux exorcismes des nonnes de Sainte-Ursule, furent atteintes à leur tour d'hystéro-démonopathie. Le bruit se répandit qu'elles étaient possédées, et l'inquisiteur Michaëlis vint d'Avignon pour les exorciser.

Une des religieuses, Marie de Sains, soupçonnée

HYSTÉRO-DÉMONOPATHIE   117

de sorcellerie, fut immédiatement séquestrée dans les prisons de l'Official. Trois de ses compagnes, en traitement d'exorcisme, la dénoncèrent alors comme sorcière.

Marie de Sains, qui jusque-là avait protesté de son innocence, finit par s'avouer coupable de maléfices envers les autres religieuses du cloître. Ces maléfices qu'elle plaçait sous les lits furent inventés, disait-elle, par Gaufridi.

« Le diable, pour l'en récompenser, donna à celui-ci le titre de prince des magiciens, et l'on me promit à moi les honneurs souverains pour avoir consenti à mettre en œuvre ce redoutable poison. La sœur Joubert, la sœur Bolonais, la sœur Fournier, la sœur Van der Motte, les sœurs Launoy et Péronne, qui offrirent les premières des signes de possession diabolique, subissaient l'action du philtre. Le maléfice était composé avec des hosties et du sang consacrés, des poudres de bouc, des ossements humains, des crânes d'enfants, du poil, des ongles, de la chair et de la liqueur séminale de sorcier... Lucifer donna à ce mélange une vertu jusqu'alors ignorée ; les sorciers, pour lui donner un témoignage de leur reconnaissance, lui immolèrent aussitôt un bon nombre d'enfants nouveau-nés. »

Elle s'accusa, en outre, d'avoir fait mourir beaucoup de personnes, des enfants, la mère abbesse, des religieuses et sa belle-mère, d'avoir administré des poudres débilitantes à plusieurs autres, d'avoir jeté un maléfice de lubricité à ses compagnes,

d'avoir été au sabbat et cohabité avec des diables,
d'avoir commis le crime de sodomie, d'avoir eu
commerce avec des chiens, des chevaux et des serpents, d'avoir enfin accordé ses faveurs à Gaufridi...

Marie de Sains, reconnue possédée du démon, fut
exorcisée, condamnée à la prison perpétuelle et aux
pénitences austères de l'officialité de Tournay.

Immédiatement après le procès de Marie de Sains,
une autre religieuse, Simone Dourlet, fut jugée
pour crime de sorcellerie. A force de tortures et de
suggestions, elle finit par convenir qu'elle avait été
au sabbat et qu'elle était coupable. Ce fut encore
une victime de l'hétéro-accusation.

Hystéro-démonopathie d'Amou (Mal de Laïra).

Une autre forme d'hystérie démoniaque fut observée en 1613, non plus dans un couvent, mais
sur cent-vingt femmes du village d'Amou, près
Dax. Elles furent atteintes à la fois de cette folie
impulsive, selon l'expression de Calmeil, qu'on désignait alors sous le nom de mal de Laïra. Cette névrose, qui n'était qu'une variété de la grande hystérie, était caractérisée soit par des convulsions, soit
par des aboiements.

De Lancre a donné une description intéressante
de ceux-ci, mais sans manquer de faire intervenir
les sorcières pour en expliquer les causes. Il dit :

« C'est chose monstrueuse de voir parfois à l'église

plus de quarante personnes, lesquelles toutes à la fois
aboient comme chiens font, la nuit quand la lune est
dans son plein. Cette musique se renouvelle à l'entrée de chaque sorcière qui a donné souvent ce mal
à plusieurs, si bien que son entrée dans l'église en
fait *laïra*, — qui veut dire aboyer — une infinité, lesquelles commencent à crier dès qu'elle entre. »

Le même symptôme d'aboiement se manifestait
au logis quand une sorcière passait dans la rue.
Aussi, arrêtait-on tous les passants au moment où
une de ces malades se mettait à aboyer chez elle.

« Les convulsions qui faisaient ressembler quelques-
unes des femmes d'Amou à des frénétiques enragées,
les attaques pendant lesquelles elles se vautraient
sur le sol, battant la terre de leur corps et de leurs
membres, tournant leurs forces contre leurs propres
personnes, sans que la volonté put réprimer leur
acharnement à méfaire, doivent être rapportées à une
violente hystérie plutôt qu'à l'épilepsie... »

Telle est l'opinion de Calmeil à laquelle je me
rallie.

Un fait assez remarquable de cette névrose, c'est
que les femmes qui poussaient des hurlements
étaient exemptes de convulsions et réciproquement.
On a comparé ces hurlements à ceux des nonnes de
Kintorp et aux bêlements de celle de sainte Brigitte. On aurait pu les rapprocher également des
miaulements que faisaient entendre les religieuses
allemandes, lorsque, se croyant changées en chats,

elles couraient dans toutes les directions de leur
couvent. Ces phénomènes, d'ailleurs, sont sous la
dépendance des spasmes du pharynx et des muscles
laryngés appartenant à la symptomatologie de l'hys-
téro démonopathie.

Nous verrons qu'une épidémie d'hystérie convulsive semblable fut observée au couvent de Blacthorn, par T. Willis, en 1700. Les accès d'aboiements étaient suivis de convulsions et, finalement,
d'agitation maniaque. Reulet et Hecquet ont relaté
une observation identique, en 1701, chez les religieuses d'un couvent des environs de Paris. Tous
les jours, à la même heure, elles avaient des accès
de miaulements, qui cessèrent le jour où elles
furent prévenues que si on les entendait encore,
elles seraient fouettées par une compagnie de soldats cantonnée à la porte du couvent (1). C'était
une forme spéciale de suggestion.

Inutile d'ajouter que le mal de Laïra fut cause de
plusieurs condamnations de prétendues sorcières,
avouant toujours aux inquisiteurs qu'elles avaient
jeté des maléfices.

*Démonopathie du couvent de Sainte-Placide
à Madrid.*

En 1628, vingt-cinq religieuses, sur trente qui
étaient au couvent, furent prises d'une psychose

(1) REULIN et HECQUET, *Traité des affections vaporeuses.*

démoniaque relatée par Llorente (1). L'épidémie
débuta par le cas d'une religieuse, qui fut déclarée
possédée, d'après ses « actions, gestes et paroles ».
Elle s'étendit rapidement à vingt-cinq d'entre elles,
malgré les exorcismes répétés de leur directeur spirituel, François Garcia.

D'après les témoignages des religieuses, vingt-
cinq démons avaient pris possession du couvent,
sous les ordres de l'un d'eux, nommé Pérégrino.

Les symptômes de cette névrose consistaient en
sensations de mouvements extraordinaires dans
l'intérieur du corps de ces filles, en phénomènes
d'extase et en paroles délirantes sur leur possession
diabolique. Cela dura trois ans, malgré les exorcismes de F. Garcia, que l'Inquisition finit par condamner à la prison comme « hérétique illuminé ».
Les nonnes s'en tirèrent par des châtiments corpo-
rels, dont l'effet ne fut pas plus puissant que les
armes spirituelles de leur confesseur.

Hystéro-démonopathie des Ursulines de Loudun.

Parmi les épidémies de folie religieuse, celle qui
eut le plus grand retentissement, en raison du procès auquel elle donna lieu, fut l'hystéro-démonopathie des Ursulines de Loudun, de 1632 à 1639.

Le couvent de Loudun fut fondé en 1611, par
une dame de Cose-Belfiel. On n'y reçut que des

(1) LLORENTE, Histoire de l'Inquisition d'Espagne.

filles nobles : Claire de Sazilli, les demoiselles de
Barbezier, Mlle de la Mothe de Baracé, les demoiselles d'Escoubleau de Sourdis, etc. Ces dames
avaient reçu une brillante éducation et s'étaient soumises à la vie monacale par vocation. Seize d'entre
elles furent subitement atteintes d'hallucinations.
Elles se disaient possédées et victimes de maléfices.

Pendant la nuit, elles se levaient, allaient et venaient dans le couvent, montaient sur les toits,
comme font les individus atteints de somnambulisme naturel.

On accusa d'abord l'esprit de l'ancien aumônier,
décédé récemment, d'être la cause de ces phénomènes ; et quelques-unes de ces religieuses se plai-
gnirent d'attentats à leur pudeur et de propositions
déshonnêtes de la part du revenant.

Le mal empirant tous les jours et prenant une
forme rémittente, la justice intervint. Les Ursulines déclarent alors que le magicien qui était cause
de leur possession était, en réalité, Urbain Grandier,
curé de l'église Saint-Pierre de Loudun, homme
distingué, doué d'une brillante intelligence, d'une
éducation parfaite, mais porté à la galanterie et très
avide de la faveur publique.

Etait-ce Mignon, le nouvel aumônier de la communauté et l'ennemi de Grandier, qui *suggéra* aux
religieuses le nom de leur prétendu persécuteur ?
On l'a dit... Mais Urbain Grandier n'attacha aucune
importance à la chose et tout en resta là provisoire-
ment.

Les attaques d'hystérie convulsive se multipliaient néanmoins de plus en plus et se compliquaient de catalepsie, d'extase, de nymphomanie ; les religieuses tenaient des propos impudiques et obscènes. Les exorcistes furent appelés auprès des sœurs de Belfield, de Sazilli, du Magnaux et de leurs compagnes sans le moindre succès. Ces dames provoquaient, au contraire, les religieux par des gestes lascifs et des postures indécentes. Il y en avait qui rampaient comme des serpents, d'autres qui ployaient complètement leur corps en arrière, la tête touchant les talons, marchant ainsi avec une vitesse extraordinaire. Par moments, elles criaient d'une manière horrible ou hurlaient comme des bêtes fauves.

Un chroniqueur du temps, de la Ménarday, témoin *de visu et de auditu*, écrivait sur ces religieuses :

« Dans leurs assouplissements, elles devenaient souples et maniables comme une lame de plomb, en sorte qu'on leur pliait le corps en tous sens, en devant, en arrière, sur les côtés, jusqu'à ce que la tête touchât par terre ; et elles restaient dans la pose où on les laissait jusqu'à ce qu'on changeât leurs attitudes... Les attaques se produisaient surtout pendant les exorcismes. Au premier mot de Satan, elles se levaient, passaient leur pied par dessus la tête, écartaient les jambes au point de s'asseoir sur le périnée, et se livraient sur elles-mêmes à des attouchements impudiques. »

Elles déliraient, pendant tout ce temps-là, sur leurs idées démoniaques : la sœur de Belfield se disait assiégée par sept diables, la sœur de Sazilli par huit, la sœur de la Mothe de Baracé par quatre, la sœur Elisabeth par cinq...

Pendant les exorcismes, il arrivait que les religieuses s'endormaient, ce qui a fait penser à Calmeil que :

« L'état de ces filles ressemblait peut-être, par instants, à celui des somnambules. Cette supposition permet d'expliquer l'impossibilité où les religieuses se trouvaient de raconter certains jours ce qu'elles avaient dit ou fait pendant une partie des accès nerveux. Les jours où elles échappaient à l'*assoupissement*, où elles étaient au contraire violemment exaltées par la nature de leurs sensations tactiles et viscérales, elles ne se rappelaient que trop, quand arrivait le pouvoir de la réflexion le cynisme dégoûtant de leurs actes, la hardiesse inouïe de leurs assertions. »

Il y avait déjà quinze mois que les Ursulines étaient possédées, toute la communauté était atteinte, lorsque Laubardemont, un des confidents secrets de Richelieu, arriva à Loudun, pour examiner l'affaire de démonolâtrie du couvent. Le cardinal l'avait envoyé comme commissaire extraordinaire avec les pouvoirs les plus étendus.

Urbain Grandier, qui était l'auteur d'un libelle contre le despotisme de Richelieu, fut arrêté sous l'inculpation de sorcellerie, et déféré devant une

Haute-Cour de justice, dont les membres avaient été choisis par Laubardemont. Il fut confronté avec les religieuses, invité à les exorciser et ensuite soumis à la torture : on lui enfonçait dans toute l'épaisseur de la peau des pointes de fer pour trouver les régions anesthésiées, les prétendues marques du diable.

Malgré ses protestations d'innocence, les juges, prenant acte des accusations des énergumènes, acceptant comme témoignages les scènes du délire furieux que sa présence provoquait, le condamnèrent à être attaché vif sur le bûcher, où il fut porté, après avoir été soumis préalablement à la question tout le temps nécessaire pour que les muscles et les os de ses membres fussent broyés. Pour augmenter les atrocités de la torture et prolonger l'agonie, le bûcher avait été construit avec des branches vertes et des troncs récemment sciés : ce fut ainsi un feu sans flamme. Seuls les pieds et les jambes du condamné rôtissaient lentement.

Le supplice d'Urbain Grandier ne mit pas fin à l'hystéro-démonopathie des Ursulines, car cette affection s'étendit, au contraire, aux séculières de la ville et aux moines chargés des exorcismes ; mais la vengeance de l'Eminence rouge était satisfaite...

Remarquons encore une fois que les phénomènes d'hystéro-démonopathie n'étaient pas particuliers aux Ursulines de Loudun. On a vu qu'on les avait observés dans tous les couvents de femmes, dans les mêmes conditions épidémiques, sous l'influence d'habitudes de macérations extraordinaires, de jeûnes débilitants excessifs, de longues veilles passées en prières et de dépression nerveuse causée par les meurtrissures de la discipline, par les exhortations mystiques d'un homme revêtu d'un caractère sacré, sur lequel roulent tous les entretiens, tous les propos, toutes les conversations des filles cloîtrées.

La contagion atteignit les femmes séculières de Loudun, quinze mois après l'apparition de la maladie des Ursulines. Les symptômes d'hystéro-démonopathie étaient les mêmes. Elisabeth Blanchard accusait six démons, Françoise Filastreau quatre, Lionne Filastreau trois, Suzanne Ammon un. Les autres n'étaient qu'obsédées, mais non possédées. Les phénomènes d'hystérie convulsive et de délire hallucinatoire se manifestaient avec une grande violence chez Elisabeth Blanchard. Elle affirmait que Grandier lui avait procuré les voluptés les plus criminelles, lui offrant de la faire reconnaître reine du Sabbat. Un jour, l'exorciste, le père Thomas, après avoir donné la communion à cette femme, interrogea le diable *en latin*, *et la possédée répondit en français* ; c'est encore un cas de xénoglossie.

Les femmes de Chinon furent atteintes à la même époque d'hystéro-démonopathie, — mais, au lieu d'accuser Grandier qui venait d'être livré aux flammes, elles voulurent rendre responsable de leur affection le curé de Saint-Même, du nom de

Santerre, et ensuite le curé Giloire, cas d'hétéro-accusation fréquent chez les hystériques (1).

Démonopathie contagieuse à Nîmes.

Après l'épidémie des religieuses de Loudun, des phénomènes de démonopathie hystérique se manifestèrent chez les femmes et les filles de Nîmes et dans ses environs. En raison des doutes de la population sur la cause diabolique de la maladie, on demanda, à titre de consultation, aux professeurs de la Faculté de Montpellier, de répondre aux questions suivantes :

1° Le pli, courbement et remuement du corps, la tête touchant quelquefois la plante des pieds, avec autres contorsions et postures étranges ;

2° La vélocité du mouvement de la tête par devant et par derrière se portant contre le dos et la poitrine ;

3° L'enflure subite de la langue, de la gorge et du visage, et le subit changement de couleur ;

4° Le sentiment stupide et étourdi, ou la privation de sentiment jusqu'à être pincé sans se plaindre, sans remuer et même sans changer de couleur ;

5° L'immobilité de tout le corps arrivant à de prétendues possédées par le commandement de

(1) Cette épidémie n'était pas encore éteinte en 1640 !

leurs exorcistes pendant et au milieu de leurs plus
fortes agitations ;

6° Le japement ou clameur semblable à celle
d'un chien, qui se fait dans la poitrine ou plutôt
dans la gorge ;

7° Le regard fixe sur quelque objet, sans mou-
voir l'œil d'aucun côté ;

8° A quelques questions faites en latin des réponses faites en français;

9° Le vomissement de choses rendues telles
qu'on les avait avalées ;

10° Des piqûres de lancette faites sur diverses
parties du corps, sans qu'il sorte de sang ;

Sont-ils des signes certains de possession ?

La Faculté de Montpellier répondit que, sans rejeter d'une manière absolue la possibilité des maladies surnaturelles, les accidents qui avaient attiré
l'attention sur les malades de Nimes pouvaient s'expliquer sans difficulté par la connaissance des lois
physiques, et que rien ne prouvait, en cette circonstance, la réalité de l'intervention d'une puissance diabolique.

A cette consultation, j'ajouterai que les phénomènes d'anesthésie, de somnambulisme dans l'exécution des mouvements en opposition aux lois de
l'équilibre, les spasmes du pharynx et des muscles

laryngés, les troubles vaso-moteurs, l'extase, la réceptivité à la suggestion, la xénoglossie, etc., constituent l'ensemble symptomatologique de l'hystéro-démonopathie.

Hystéro-démonopathie des nonnes de Louviers.

Cette épidémie fut signalée en 1642, et se présenta dans les mêmes conditions que celles de Loudun, trois ans après le supplice d'Urbain Grandier. En très peu de temps, dix-huit religieuses se montrèrent atteintes d'hystéro-démonopathie. Elles ont des hallucinations actives de tous les sens, des convulsions et du délire. Comme les Ursulines, elles blasphèment, vocifèrent, se livrent à toutes les contorsions imaginables, se disent possédées des démons, décrivent, en termes obscènes, toutes les orgies du Sabbat, toutes les variétés de la débauche des sens inconnues des prostituées. Puis, finalement, elles accusent une ou plusieurs personnes de leur entourage de sorcellerie. Après avoir été exorcisées selon les canons de l'église, les religieuses de Louviers accusèrent comme les auteurs de leurs maux et comme magiciens, leur confesseur, l'abbé Picard, mort antérieurement à l'apparition de leurs accidents nerveux, un autre prêtre nommé François Boullé et plusieurs de leurs compagnes, notamment la sœur Madeleine Bavan. Ces gens furent jugés par le Parlement de Rouen, qui ordonna que le ca-

davre du curé Picard serait exhumé, porté sur le
bûcher, lié au corps de François Boullé et que leurs
cendres seraient jetées au vent.

Cette exécution, en plein xviiᵉ siècle, eut lieu sur
la place du Vieux Marché à Rouen, à l'endroit
même où Jeanne d'Arc avait été brûlée vive, elle
aussi, comme possédée par des êtres surnaturels...

Epidémie d'hystéro-démonopathie d'Auxonne
(1662).

La relation très intéressante de cette épidémie
nous a été transmise par les évêques, docteurs en
Sorbonne et députés du roi, sur la possession des
filles du couvent d'Auxonne. Il s'agit toujours de
mouvements du corps en opposition aux lois de
l'équilibre, de convulsions, de hurlements, de blasphèmes, d'aversion pour les sacrements, de possession, d'exorcismes. Mais il y eut d'autres phénomènes plus intéressants au point de vue de la psychologie morbide.

Ainsi, les religieuses d'Auxonne étaient accessibles à la suggestion mentale. Au commandement
ou par la pensée des exorcistes, elles tombaient en
extase ou en état de somnambulisme, dans lequel
elles étaient insensibles à la douleur, comme on le
constata en enfonçant des aiguilles sous les ongles
de ces malades sans provoquer aucune sensation.
Elles présentaient le phénomène étrange de xénoglossie. L'évêque de Châlons l'affirme en ces termes :

« Toutes lesdites filles, tant séculières que régulières, au nombre de dix-huit, *avaient le don des langues, et répondaient en latin aux exorcistes, faisant parfois des discours entiers en cette langue...*

« *Presque toutes ont témoigné avoir connaissance de l'intérieur et du secret de la pensée, ce qui a paru particulièrement dans les commandements intérieurs*, qui leur ont été faits par les exorcistes, en diverses occasions, auxquels elles ont obéi très exactement pour l'ordinaire, sans que les commandements fussent exprimés ni par paroles, ni par aucun signe extérieur, ce dont ledit évêque a fait plusieurs expériences, entre autres sur la personne de Denise Pariset, à laquelle ayant fait *commandement dans le fond de sa pensée*, de le venir trouver pour être exorcisée, elle est venue incontinent, quoique demeurant dans un quartier de la ville assez éloigné, disant au seigneur-évêque qu'elle avait été commandée par lui de venir, — ce qu'elle a fait plusieurs fois.

« Et encore en la personne de la sœur Jamin, novice, qui en sortant de l'exorcisme lui dit le commandement intérieur qu'il avait fait au démon pendant l'exorcisme.

« Et en la personne de la sœur Borthon, à laquelle ayant *commandé mentalement* au plus fort de ses agitations de venir se prosterner devant le Saint-Sacrement, le ventre contre terre et les bras étendus, elle exécuta le commandement au même instant qu'il eut été formé avec une promptitude et une précipitation toute extraordinaire (1). »

Voilà, je crois, des faits bien authentiques de transmission de pensée et de suggestion mentale.

(1) Jugement de nos seigneurs archevêques, évêques, docteurs en Sorbonne et autres savants députés du roi sur la prétendue possession des filles d'Auxonne, p. 57 et 58.

Les névropathes d'Auxonne présentaient encore d'autres phénomènes non moins extraordinaires. Elles suspendaient les pulsations du pouls dans un bras et faisaient ensuite le transfert des battements du bras droit au bras gauche. Ce fait, constaté par l'évêque et plusieurs ecclésiastiques, « fut exécuté ponctuellement en présence du médecin Morel, qui l'a reconnu et déposé ».

Ce médecin faisait partie de la commission des cinq docteurs en médecine, Leroy, Cornet, Annat, Morel et Grandin, adjoints à l'archevêque de Toulouse et à l'évêque de Reims pour rendre compte au Garde des sceaux de la nature de l'affection nerveuse du cloître d'Auxonne.

Calmeil, en mentionnant ces divers phénomènes, en 1845, dit que :

« L'influence de la volition sur la suspension des mouvements du cœur ne doit pas nous étonner absolument ; nous sommes habitués à voir les battements du cœur devenir précipités ou tumultueux sous l'influence d'une idée, d'une passion, d'un sentiment, d'une impression émanés de l'encéphale où siège aussi le point de départ de la volition ; mais l'action du cerveau sur un tube artériel me paraît difficile à saisir... Voilà de quoi exercer la sagacité des physiologistes ! »

A l'appui de son opinion, mon ancien maître rappelle l'expérience de G. Cheyne (1), assisté du

(1) G. CHEYNE, *The english malady*, 1733.

Dr Baynard, sur le colonel Townshend, qui possédait, dans les derniers temps de son existence, le pouvoir de suspendre les battements de son cœur et toute apparence de mouvement circulatoire. Mais il reste très perplexe vis-à-vis de la suggestion mentale et de la xénoglossie, de la contagion... On ne connaissait pas encore ces phénomènes, il y a soixante ans.

Hystéro-démonopathie de Hoornn (Hollande).

Cette affection nerveuse fut analogue à celle qui sévit à Amsterdam en 1566, dans un orphelinat catholique. Celle de Hoornn arriva en 1673, dans un orphelinat protestant où les exorcismes furent remplacés par des prières, avec un résultat tout aussi négatif, car l'affection de ces enfants, assez vicieux d'ailleurs, fut considérée comme un fait de possession démoniaque.

D'après la description qu'en a donnée Kniper, voici quels étaient les symptômes :

« Les enfants tombaient subitement sur le sol ; ils se tiraillaient, se déchiraient, frappaient de leurs jambes, de leurs bras et de leur tête contre la terre, aboyant comme des chiens. Leur ventre battait si épouvantablement qu'on eut dit qu'il y avait dedans une créature vivante, à tel point qu'on était obligé de les maintenir à trois ou quatre personnes. »

Quand cet état convulsif était apaisé, ils tombaient dans la catalepsie pendant plusieurs heures. Ces accès déterminaient chez les autres enfants des phénomènes semblables, principalement pendant la période où ils se débattaient en « criant, hurlant et aboyant ».

Nous retrouvons dans ces symptômes les accès convulsifs, les contractions musculaires, les spasmes des organes abdominaux et des muscles du larynx, les influences morbides réciproques, la raideur cataleptique consécutive aux accès, qui sont bien caractéristiques de l'hystérie convulsive contagieuse.

L'épidémie cessa, dès qu'on se décida, comme nous l'apprend Bekker « à placer les enfants chez les bourgeois où, dès qu'ils y furent, ils commencèrent à se mieux porter et finalement à guérir (1) ».

Hystéro-démonopathie de Toulouse (1681).

Nous devons la relation de cette affection à deux médecins de Toulouse, Grangeron et Bayle.

Le premier cas concerne une femme, Marie Clusette, se disant possédée d'un démon nommé Robert, donnant tous les signes ordinaires de l'hystéro-démonopathie. Une autre femme présenta les mêmes symptômes quelque temps après. Puis une autre, et après deux autres encore, et enfin cinq autres villageoises et un jeune garçon, tous habitant les environs de Toulouse.

(1) BEKKER, *Le Monde enchanté.*

Tous ces sujets accusaient de la céphalalgie, des maux d'estomac, des hoquets, des borborygmes, de la tension abdominale. Ils tombaient et se débattaient dans les convulsions. Dans l'intervalle des accès, ils avalaient tout ce qui tombait sous leurs mains, des morceaux d'étoffe, des épingles... Le délire faisait partie du cortège symptomatique. Certaines femmes affirmaient que c'était le diable qui parlait par leur bouche ; d'autres accusaient de la douleur dans la région hypogastrique sous la pression de la main.

Les exorcismes n'avaient d'autre effet que de provoquer de plus nombreux accès. Le diagnostic d'hystéro-démonopathie s'impose ici encore sans discussion. Quant à l'opinion des deux médecins commis par le Parlement pour examiner ces névrosées, elle est formulée par la conclusion suivante :

« Nous jugeons qu'aucun des susdits accidents ou affections, en particulier ni tous ensemble, ne peuvent être pris pour une preuve de sortilège, possession ou obsession. »

Le rapport était signé des Dʳˢ Bayle et Grangeron, qui eurent le mérite de nier la possession diabolique, à une époque où les procureurs et les prêtres entretenaient encore l'opinion publique du pouvoir du démon.

*Démonopathie des environs de Lyon
et de Saint-Etienne.*

De 1687 à 1690, dans les environs de Lyon, cinquante dévotes furent atteintes en même temps de névrose convulsive attribuée au démon. Une de ces malades fut soignée par le Dʳ de Rhodes, agrégé au collège des médecins de Lyon, qui en a publié l'observation reproduite par Calmeil.

« J'allai voir, dit de Rhodes, il y a quelques années, à Millerie, village à trois lieues de Lyon, une prétendue possédée qui, par des mots barbares, par ses contorsions, était considérée comme en puissance du démon. Je lui fis boire du vin émétique, qui lui fit vomir une infinité de *démons jaunes et verts*, qui étaient causes de cette prétendue possession et la laissèrent en liberté. Je crois que si on faisait prendre de cette liqueur aux cinquantes dévotes de la paroisse de Cambon, en Forez, dont l'une aboye, les autres bêlent, hennissent, hurlent, braient et contrefont les cris de cent animaux divers, on les guérirait de leur manie causée par un sortilège ».

Calmeil ne voit, avec raison, dans ces dévotes que des démonopathes. Il s'appuie sur les détails fournis par le médecin de Lyon, relativement au cas d'une autre malade du nom de Marie Volet : Perte de sommeil et de l'appétit, relentissement de l'affection nerveuse sur la matrice, croyance à la possession démoniaque, mélancolie augmentée par les exorcismes, « hurlements convulsions, grimaces, postures, agitations terribles et affreuses de cette pauvre fille ». L'usage des eaux minérales de Lyon prises en boisson fit disparaître tous ces symptômes, en quinze jours, d'après l'observation du Dr de Rhodes.

Hystérie convulsive de Blacthorn.
Mal de Laïra.

Cinq filles d'un couvent de Blacthorn, comté d'Oxford, furent sujettes à cette affection convulsive déjà observée à Amou, en 1700. Elles aboyaient et hurlaient comme des chiens, poussaient des sanglots à chaque inspiration, branlaient la tête avec violence, tombaient dans des crises convulsives, se frappaient la poitrine, sifflaient, proféraient des blasphèmes.

Ces phénomènes se renouvelaient tous les jours à la même heure. Ces jeunes filles furent affectées d'une manière successive. Il n'y eut pas d'exorcisme. La relation nous en a été laissée par le Dr Thomas Willis, qui fut à même d'observer les symptômes présentés par ces jeunes filles, et corroborée par Friend, qui apprit, dans son enquête, que l'affection s'était manifestée dans le principe dans deux familles unies par les liens de la parenté, que ces filles étaient sœurs et d'un âge très différent.

Démonopathie de Landes-Bayeux.

Mlle de Laupartie avait déjà été atteinte d'un léger accès de démonopathie à l'âge de 10 ans. Elle en avait été guérie quelques mois après. Mais huit ans plus tard, en 1732, les mêmes phénomènes se représentèrent avec une intensité bien autrement grande, coïncidant avec une attaque semblable compliquée immédiatement de convulsions chez sa jeune sœur, et bientôt suivie de la même névrose chez les religieuses qui les soignaient, chez une jeune paysanne de la localité et chez la servante du curé.

Les symptômes observés consistaient en une aversion extrême pour la religion et leurs parents, en hallucinations terrifiantes de la vue, dans un état de tristesse et de désespoir extrême qui les poussait aux idées de suicide. A certains moments, elles étaient sujettes à des colères furieuses relatives à la possession diabolique, criant, jurant, proférant tous les blasphèmes possibles, cassant tout, se mordant les mains et les bras, ou les coupant avec des ciseaux, et menaçant de ceux-ci ceux qui les approchaient. Pendant leurs crises de manie, il fallait plusieurs personnes robustes pour les maintenir, et ces crises duraient souvent près d'une heure.

« En certaines circonstances, on fut obligé d'en lier une par le corps, par les bras et les pieds, soit dans un lit, soit dans un fauteuil. Les nœuds des liens étaient placés sous la couche ou derrière le fauteuil, et les ligatures étaient tellement serrées et entrelacées qu'il n'était pas possible que cette fille puisse remuer aucune partie de son corps... mais à peine était-on détourné, *qu'elle se trouvait déliée dans l'instant* (1). »

Indépendamment de ces divers symptômes, les malades de Landes avaient des accès d'extase et de somnambulisme, le corps renversé en arrière et courbé en arc, elles aboyaient comme de gros chiens. Plusieurs fois, on en a vu une marcher avec une grande vitesse en arrière comme en avant, sur un mur très haut, sans faire le moindre faux pas, et se livrer, avec la plus grande hardiesse, à toutes sortes d'exercices analogues. Une seule avait des convulsions hystériques, mais toutes avaient la sensation de la boule, des hoquets, de la dilatation d'estomac, du spasme de l'œsophage et du pharynx... et tout cela malgré les exorcismes de deux évêques, de cinq grands vicaires et de neuf curés...

(1) *Mémoires* du sieur de LAUPARDIE, et CALMEIL, ouv. cit.

CHAPITRE VII

Théomanie.

Une autre modalité de la folie religieuse est la théomanie, avec le caractère épidémique et contagieux de la démonolàtrie et de la démonopathie. Les calvinistes du Dauphiné, du Vivarais et des Cévennes furent atteints de cette névrose de 1686 à 1707.

A l'exemple des Manichéens et d'autres sectes semblables, des anabaptistes d'Alsace, de Lorraine, de Suisse et de Pologne, convaincus d'être inspirés par l'Esprit sain, se croyant les successeurs des prophètes hébreux, présentaient les symptômes caractéristiques du délire religieux, de la théomanie, chantant des cantiques dans les rues, prophétisant, tombant dans des attaques convulsives, menaçant les populations de la vengeance divine. En raison de leur état d'anesthésie, ils se laissaient couper la langue, les oreilles, le nez, les doigts, pratiquaient de longs jeûnes jusqu'à épuisement et se livraient aux pratiques d'un fanatisme furieux.

Ils avaient fait de nombreux prosélytes, aussi insensés qu'eux. Un d'eux, condamné à la prison, croyant que saint Jean habitait son corps, poussa ses imprécations assez loin pour qu'il fut traité en véritable hérétique et condamné au feu, comme plusieurs de ses semblables.

Leurs prophéties se ressentaient de leurs hallucinations et indiquaient un véritable délire théomaniaque. Les femmes tombaient dans l'extase après leurs attaques d'hystérie. Une, en sortant d'une période de léthargie, prétendait être ressuscitée ; et elle allait, disait-elle, convoler en justes noces avec le fils de Dieu.

Cette affection se répandit en plusieurs provinces de France dans les premières années du XVIIIe siècle, et trouva le terrain préparé par les persécutions que les Calvinistes avaient à supporter depuis la révocation de l'édit de Nantes. Alors, leur exaltation ne tarda pas à prendre une forme plus aiguë ; ils s'adonnèrent aux pratiques les plus exagérées de la dévotion, adressant des invocations à Dieu, chantant continuellement des cantiques, prêchant, prophétisant, lisant certains passages bibliques.

A un moment donné, le fanatisme des anabaptistes éclata dans le Vivarais, le Dauphiné, les Cévennes. Des inspirés disaient que le Saint-Esprit parlait par leur bouche. Et, dans leurs hallucinations, ils voyaient des légions d'anges voler autour d'eux.

Dans la conviction qu'ils étaient invulnérables, ils allaient au-devant des troupes royales et se laissaient massacrer, persuadés qu'ils arrêteraient celles-ci par les cris de leurs prophètes, le souffle de leur bouche, la vue des anges qui les protégeaient.

Cette épidémie prit des proportions extraordinaires. Les prophètes et les prophétesses se multipliaient à l'infini, et leurs discours se terminaient souvent dans une crise convulsive. Les enfants étaient affectés comme leurs parents. On comptait huit mille théomanes dans les Cévennes, tous sujets à des états extatiques, à la fin de leurs discours. Des femmes se disant possédées des démons étaient sujettes à des hallucinations différentes mais très actives de la vue et de l'ouïe, et leur délire finissait par se généraliser.

La théomanie calviniste persista plus de vingt ans, et ni la potence, ni les bûchers, ni la torture, ni les massacres ne purent en avoir raison. Elle se termina par l'exode des uns vers les frontières ou par le retour à la religion catholique, vers 1710.

THÉOCHORÉOMANIE

Une des complications de la théomanie s'est montrée au Moyen Age, comme d'ailleurs dans l'antiquité, c'est la choréomanie et la *théochoréomanie*, avec un caractère nettement contagieux.

Une épidémie de cette curieuse névrose fut obser-

vée en Allemagne au xive siècle, chez les hommes
et les femmes. Nus, couronnés de feuillages et de
fleurs, ils couraient les rues par bandes, et ne s'ar-
rêtaient que pour danser jusqu'au plus complet
épuisement de leurs forces. On les considérait
comme possédés des démons, et on les exorcisait.
Ils accusaient, en effet, des hallucinations de la vue
et de l'ouïe ainsi que des accès convulsifs comme
les hystériques démonomanes.

En Hollande, cette affection portait le nom de
Mal de saint Jean, en Souabe, de *mal de saint
Wit*; dans les provinces de la Calabre, de *taren-
tisme* dans l'hypothèse étiologique d'une morsure
de la tarentule.

Chez tous ces choréomanes, on observait de la
faiblesse intellectuelle, des actes excentriques, une
agitation frénétique et désordonnée obéissant néanmoins à un certain rhythme et à la mesure musicale
des joueurs d'instruments, ainsi que d'autres phénomènes appartenant à la théomanie, — comme on
pouvait encore s'en rendre compte en plein
xviiie siècle chez les théochoréomanes méthodistes
du pays de Galles, et comme on le voit encore de
nos jours chez les derviches et les fanatiques de
l'Islamisme.

Les convulsionnaires de Saint-Médard.

C'est en 1727 qu'éclata, à Paris, cette fameuse
épidémie convulsive qui rentre encore dans la caté-

gorie des folies religieuses. Elle survint après la mort du diacre janséniste Pàris, qui succomba après plusieurs années d'austérité fanatique. Ses adeptes se proposaient de protester contre la bulle *unigenitus* donnant raison aux jésuites contre la doctrine de l'évêque Jansénius dont Pàris était le disciple.

Les nombreux prosélytes du diacre venaient, dans un violent état de surexcitation religieuse, sur sa tombe, dans le cimetière de Saint-Médard, où se produisaient, dit Carré de Montgeron (1), de véritables miracles, des guérisons extraordinaires de maladies incurables.

Les *Appelants*, comme on désignait les jansénistes qui en appelaient contre le pape, ne tardèrent pas à manifester des symptômes de folie religieuse qui devint rapidement épidémique, avec complication de phénomènes caractéristiques : accès convulsifs suivis d'extase, illusions, et hallucinations chez quelques-uns, léthargie, somnambulisme, exaltation des organes génitaux à la suite de coups meurtriers reçus sur toutes les parties du corps, agitation furieuse.

Les uns se croyaient thaumaturges, d'autres prophétisaient, *parlaient en langues étrangères*, sans garder le souvenir de leurs discours.

Cette épidémie dura plusieurs années, et son histoire nous en a été transmise par Mongeron, qui

(1) CARRÉ DE MONGERON, *La Vérité des miracles*.

l'écrivit quand son incrédulité première fit place à
sa foi aux miracles du cimetière de Saint-Médard,
où se réunissaient journellement plusieurs milliers
d'*appelants*, de malades, d'infirmes, de curieux...

Je ne discuterai la réalité plus ou moins grande
de ses miracles, qui a fait dire à Calmeil que :

« les pathologistes pourront approfondir avec un intérêt mêlé d'étonnement la cause des guérisons presque toujours désespérées qui s'effectuèrent en assez
grand nombre sur le tombeau de Pâris... »

Je ne veux pas en nier la possibilité, en raison des
guérisons extraordinaires constatées à Lourdes par
des médecins d'une grande probité scientifique, sans
attaches cléricales, et comme il pourra toujours s'en
produire dans l'ambiance d'une foule convaincue,
dans un milieu où il y aura accumulation de force
psychique.

Cette question de psychologie réglée, j'attirerai
l'attention des physiologistes sur l'état d'anesthésie
des convulsionnaires, réfractaires aux douleurs produites par les lacérations profondes des tissus, les
brûlures, les traumatismes violents qu'ils suppor-
taient avec une satisfaction évidente, se martyrisant
eux-mêmes de toutes les façons, comme certains
aliénés en démence.

L'exaltation des idées religieuses si souvent mises
en avant par les psychologues ne peut suffisamment
rendre compte de ces phénomènes. J'en vois la

preuve dans les symptômes nerveux que présentaient subitement les plus sceptiques du temps, qui venaient en amateurs assister au spectacle offert par les convulsionnaires. La seule explication plausible réside dans la contagion, — contagion fluidique, comme celle qui se faisait dans les épidémies d'hystéro-démonopathie avec laquelle la névrose des convulsionnaires avait de grandes analogies, comme on va le voir.

Comme fait de xénoglossie, je dirai que Mongeron affirmait que la plupart de ceux qui ont écrit pour ou contre les convulsionnaires ont avoué ou attesté que plusieurs parmi eux *parlaient en extase dans des langues étrangères.* Il rapporte (1) :

« La demoiselle Lordelat, sœur d'un avocat au parlement, qui avait depuis sa naissance une grande difficulté de s'exprimer, prononçait ses discours en langues inconnues avec toutes les grâces et la facilité possible. — La demoiselle D... qui n'avait jamais eu de voix chantait dans la perfection des cantiques dans une langue inconnue, et sa musique jetait dans l'admiration tous ceux qui l'entendaient. Mlle Lordelat chantait aussi dans une langue à part tout à fait mélodieusement... »

Une autre convulsionnaire tenait de beaux discours toujours dans une langue inconnue. Elle parlait dans l'attitude suivante : le corps plié en deux, en forme d'arc, à la renverse, la tête et le front

(1) CARRÉ DE MONGERON, ouv. cit.

touchant la terre, comme pour aller chercher les
talons. Cette attitude appartient à l'hystéro-démonopathie, comme nous l'avons dit.

Comme fait de l'anesthésie des *Appelants*, voici
ce que rapporte de Lan :

« Des personnes jeunes et sans coiffure se heur-
taient avec violence la tête contre les murs, même
contre le marbre ; elles se font tirer les quatre membres par des hommes très forts et quelquefois écar-
teler, donner des coups qui pourraient abattre les
plus robustes et en si grand nombre qu'on en est
effrayé, car je connais une personne qui en a compté
quatre mille en une séance, soit avec le poing, soit
avec des bâtons et des bûches... Quelques-unes s'en-
foncent des épingles dans la tête sans aucun mal.
Une autre s'est pendue à un crochet et voulait être
crucifiée (1). »

Mongeron estime que des milliers d'individus
firent emploi de leurs forces pour piétiner et frapper
des infirmes, des jeunes filles. tous implorant la
violence de leurs coups. Le même auteur cite une
jeune fille couchée sur le dos qui se couvrait le
ventre et la poitrine d'une planche et supportait le
poids de toutes les personnes qui voulaient ainsi
monter sur son corps. Et il ajoute :

« L'on a vu souvent plus de vingt hommes rassem-
blés à la fois sur cette planche... Cependant, non

_____

(1) *Ces faits n'étonneront pas beaucoup ceux qui ont vu
les Aïssaouas et qui connaissent les faits extraordinaires
des fakirs de l'Inde.*

seulement la convulsionnaire n'était pas oppressée, mais souvent elle ne trouvait pas que ce fut assez pesant pour faire cesser le gonflement qu'elle ressentait dans ses muscles...

« Une convulsionnaire se mettait en arc au milieu de la chambre, soutenue par les reins sur la pointe d'un bâton. Dans cette position, on laissait retomber une pierre de cinquante livres fixée au plafond sur l'estomac de cette fille et cela à plusieurs reprises, ses reins portant toujours sur le pieu.

« Une autre convulsionnaire, Charlotte Delaporte, se faisait frapper et serrer les côtes d'une force si prodigieuse que les os en auraient dû mille fois être brisés. Couchée à terre, elle se faisait fouler aux pieds par les hommes les plus robustes. Encore avaient-ils beau faire tous leurs efforts pour enfoncer les talons de leurs souliers dans ses côtés, l'on ne pouvait trouver moyen de cette façon ou d'une autre, de la presser suffisamment à son gré. »

Ou il faut récuser l'autorité du témoignage des hommes, ou il faut admettre que ces phénomènes de physiologie pathologique étaient sous la dépendance d'une force inconnue.

Faut-il se contenter, comme explication, que dans un état donné de paroxysme hystérique, les violences et les brutalités exercées sur ces pauvres déséquilibrées déterminaient une excitation vénérienne les rendant insensibles, dans l'idée fixe de la possession du Saint-Esprit et de l'obtention des faveurs divines, tout cela par la protection du diacre Pâris ?... Fort heureusement pour l'hygiène morale, une ordonnance royale fit fermer le cimetière et ouvrir les portes de la Bastille.

CHAPITRE VIII

Cas isolés. — Contagion des exorcistes.

Comme dans toutes les épidémies de maladies infectieuses, il s'est produit dans les épidémies de démonolâtrie et de démonopathie des cas isolés que je crois devoir relater.

Démonolâtrie. — Aveux par la torture.

Aupetit, curé de Payas, fut brûlé vif dans le Limousin, en 1598; il était âgé de 55 ans et était depuis longtemps malade, lorsqu'il fut accusé de se livrer à la diablerie. Interrogé par l'official de Limoges, il nia tout ce qu'on lui reprochait. Pour le contraindre à avouer, il fut mis à la torture et à la question, comme l'a raconté de Lancre. Aupetit débita alors toutes les extravagances de la démonolâtrie : assistance eu sabbat de Mathagante, hantise

d'un démon du nom de Beelzébuth, don satanique
de se faire aimer des filles, de faire tomber les fruits
avant leur maturité, de faire mourir les gens, à
l'aide d'une poudre donnée par Satan, puissance de
guérir les frénétiques, sacrifice de la messe au nom
du diable, évocation de celui-ci se présentant sous
la forme d'un mouton et se métamorphosant en un
homme noir...

*Prétendue possession diabolique, simulation
d'une hystérique.*

Marthe Brossier, fille d'un drapier, accusée d'être
possédée du diable, fut mise à la disposition du procureur du roi et du lieutenant criminel de Romo-
rantin. Cette fille, en se rendant en Anjou avec ses
parents, implorait les secours spirituels de la religion contre le démon qui l'obsédait, et auquel elle
devait les convulsions qu'elle éprouvait.

De l'examen auquel se livra l'évêque d'Anjou, il
résulta que Marthe n'était qu'une simulatrice. L'eau
bénite ne lui procura aucun effet, mais l'eau ordinaire lui fit faire toutes les contorsions connues de
la possession. L'évêque lui ayant dit qu'il l'exorci-
serait, elle manifesta par des « postures violentes »
la fureur que cet acte causait au diable qui était en
elle. Mais le livre des exorcismes n'était autre que
l'*Enéide* de Virgile dont l'évêque récitait les premiers vers.

Les frères capucins de Paris se montrèrent moins intelligents que l'évêque d'Angers. Appelés à examiner cette fille, ils déclarèrent qu'elle était réellement possédée et qu'elle devait être exorcisée. Conduite à Sainte-Geneviève, aux premières paroles du frère Séraphin, elle tomba dans des attaques convulsives. Bayle prouve que :

« les postures qu'elle prit pendant que les exorcistes faisaient leurs fonctions persuadèrent aisément au menu peuple qu'elle était démoniaque et le bruit en fut bientôt répandu pendant toute la ville. »

Mais lui n'y croyait pas.

Cinq médecins commis par le cardinal de Gondi pour examiner Marthe Brossier conclurent qu'elle simulait la possession, et que, d'ailleurs, *elle ne put répondre aux interruptions en grec et en latin, comme cela se pratiquait alors, dans les cas analogues d'après les préceptes du rituel* (1).

Duret, un des médecins, constata qu'une épingle enfoncée dans la main n'excita aucune plainte, ce qui lui fit penser qu'elle pouvait être possédée.

Une nouvelle commission de médecins fut nommée pour examiner la malade, qui répondit convenablement aux questions posées en grec et en latin, et fut par conséquent jugée démoniaque (2).

---

(1) La xénoglossie était donc regardée comme un signe de la possession démoniaque.
(2) Même observation.

Henri IV, en présence de ces opinions diverses
ordonna, sur le rapport d'une troisième commission composée de quatorze médecins concluant à la
non-possession, que cette fille fut reconduite à Ro-
morantin, avec interdiction de séjour dans une
autre ville.

Les Sorbonniens protestèrent contre l'ordonnance
royale qui s'opposait aux secours spirituels, et,
comme conséquence, au bûcher.

Il est facile de voir que Marthe Brossier était une
simple hystérique, avide comme toutes ses semblables de notoriété, simulant la possession dont
elle savait les principaux symptômes connus alors
de toutes les populations. Fort heureusement qu'elle
n'accusa personne de l'avoir initiée aux mystères
du sabbat, et que le bon roi Henri n'était pas clé-
rical.

Michelle Chaudron, à Genève, brûlée vive comme
sorcière, observation d'après le procès-verbal
(Bekker) (1) (1652).

Michelle ayant rencontré le diable en sortant de
la ville, le diable lui donna un baiser, reçut son
hommage et imprima sur sa lèvre supérieure et sur
son téton droit la marque qu'il a coutume d'appli-
quer à toutes les personnes qu'il reconnaît pour ses

(1) BEKKER, ouv. cité.

favorites. Ce sceau du diable est un petit seing qui
rend la peau insensible, comme l'affirment tous les
jurisconsultes démonographes.

Le diable ordonna à Michelle Chaudron d'ensor-
celer deux filles. Elle obéit à son seigneur ponctuellement. Les parents des filles l'accusèrent juri-
diquement de diablerie ; les filles furent interrogées
et confrontées avec la coupable. Elles attestèrent
qu'elles sentaient continuellement une fourmi-
lière dans certaines parties de leur corps, et qu'elles
étaient possédées. On appela les médecins. Ils visi-
tèrent les filles ; ils cherchèrent sur le corps de Michelle le sceau du diable, que le procès-verbal
appelle *marques sataniques*. Ils y enfoncèrent une
longue aiguille, ce qui était déjà une torture douloureuse. Il en sortit du sang, et Michelle fit connaître par ses cris que les marques sataniques ne
rendent pas insensible. Les juges ne voyant pas
la preuve complète que Michelle Chaudron fût
sorcière, lui firent donner la question, qui produit
infailliblement cette preuve : cette malheureuse,
cédant à la violence des tourments, confessa ainsi
tout ce qu'on voulut.

Les médecins cherchèrent encore la marque satanique. Ils la trouvèrent à un petit seing noir sur
une de ses cuisses. Ils y enfoncèrent l'aiguille ; les
tourments de la question avaient été si horribles,
que cette pauvre fille expirante sentit à peine l'aiguille. Elle ne cria point : ainsi le crime fut avéré.
« Mais comme les mœurs commençaient à s'adou-

cir, elle ne fut brûlée qu'après avoir été pendue et
étranglée. »

Comme on le voit, Michelle Chaudron n'était
atteinte ni d'hystérie ni de démonopathie...

A peu près à la même époque, c'est-à-dire dans la
seconde moitié du xviiie siècle, l'abbesse d'un courant de Wurtzbourg en Franconie, une jeune dame
de qualité, fut brûlée dans les mêmes conditions
que la fille de Genève. C'est en présence de telles
monstruosités dont retentissaient tous les tribunaux
de l'Europe occidentale que Bekker écrivit son livre
du *Monde enchanté*, combattant le diable et les
théologiens.

Cas de démonopathie. — Condamnation à mort.

Une femme âgée condamnée à mort en 1606, par
le tribunal d'Auvergne, comme possédée, fut conduite à Paris pour la revision de son procès. Elle
avoua devant le parlement qu'elle avait cohabité
avec un démon pendant la nuit, alors qu'elle était
près de son mari, dans le lit conjugal, qu'elle avait
entendu les propositions du diable et que, malgré
ses refus, elle avait dû subir ses caresses.

Le parlement la condamna, en dernière instance,
à faire amende honorable, à être pendue et ensuite
brûlée. Cette femme était évidemment atteinte d'hallucinations de l'ouïe et du sens génital.

Démonopathie d'une ribaude nymphomane.

Les archives d'Epinal contiennent le récit d'un des derniers procès de folie démoniaque. Il s'agit d'un curé nommé Cardet, qui fut jugé et condamné au feu par le Saint-Office d'Epinal, en 1632.

Une ribaude, appelée Cathelinotte, atteinte de démonopathie, accuse le curé de l'avoir introduite au sabbat et de l'avoir présentée à un démon du nom de Persin, homme grand et noir, habillé de rouge, assis sur une chaise couverte de poils noirs, froid comme glace, *etiam in coitu*, pinçant au front ses néophytes pour leur faire renier Dieu et la Vierge.

C'est encore un cas d'auto-hétéro accusation qui avait suffi pour faire prononcer la mort par le feu contre le premier venu.

Théomanie. — Hallucinations.

Cette observation, rapportée par Lenormand, en 1618, concerne une vieille dévote fanatique du nom de Maberthe qui avait des accès de ravissement extatique, pendant lesquels elle croyait ressentir des attouchements de Dieu lui-même et ensuite les caresses les plus voluptueuses d'un être fantastique.

Son confesseur finit par penser qu'elle feignait la

dévotion, mais qu'elle était tout simplement en
relation avec un démon incube, d'autant plus
qu'elle se disait initiée aux mystères du sabbat.
Son délire devint, en effet, absolument démoniaque,
quoiqu'ayant conscience d'être condamnée au feu.
Mais elle accusa le père confesseur de lui avoir fait
connaître les secrets de la sorcellerie, accusation
qui vint confirmer le diagnostic d'hystéro-démonopathie.

Possession du père Lactance.

Le père Lactance, un exorciste très occupé du
xvie siècle qui, particulièrement, avait chassé trois
démons du corps de la mère prieure de Loudun,
et qui avait collaboré à la condamnation de Grandier, fut pris, cinq mois après le supplice de celui-ci,
de symptômes « d'infestation de ces malins esprits
et de phénomènes de démonopathie » (1).
La remarque que fit à ce sujet Bekker, vient
à l'appui de la thèse de la contagion :

« Les exorcistes participent presque tous, peu ou
plus, aux effets des démons, par les incommodités
qu'ils en reçoivent, et peu de personnes ont entre-
pris de donner la chasse aux diables, qu'elles n'aient
été exercées sur eux. »

(1) BEKKER, Hist. des diables de Loudun.

Cette citation prouve, comme l'a dit Calmeil, que la tendance contagieuse de certaines affections morales a été entrevue avant d'être convenablement expliquée.

Possession du père Surin.

Les religieuses de Loudun n'étaient pas encore débarrassées de leurs diables. La mère prieure en avait encore trois, malgré ceux qu'avait chassés le père Lactance. Le père Surin, de Marennes, fut chargé d'achever la cure démoniaque du couvent. Il s'y rendit, et lui aussi fut victime de son dévouement professionnel, en ressentant les mêmes symptômes de démonopathie des Ursulines. Il fut assez heureux cependant de guérir et de pouvoir retourner dans son pays, où il mourut en 1665, dans la plénitude de ses facultés intellectuelles.

Possession du père Tranquille.

Le père capucin Tranquille fut encore un exorciste victime de la contagion du couvent de Loudun. Les principaux symptômes éprouvés par lui étaient des sensations viscérales très douloureuses, des céphalalgies et des troubles cardiaques, avec des accès de mélancolie, des convulsions pendant lesquelles il lui arrivait de se rouler sur le parquet, de tirer la langue, de siffler, de jurer, de blasphémer contre Dieu. Sa mort le délivra en 1638 de ses souffrances morales et physiques, comme nous l'apprend Bekker.

Possession du Père Lucas.

Le révérend père Lucas, en assistant à la cérémonie de l'extrême-onction du père Tranquille, fut pris de délire furieux causé par les

« diables qui s'étaient emparés de son corps, dès qu'ils furent libres par la mort du père Tranquille... ces démons se ruant alors de plus belle sur le pauvre religieux l'agitèrent si étrangement et si horriblement, qu'encore que les pères qui le tenaient en assez grand nombre, ils ne pouvaient néanmoins empêcher qu'il ne ruât des coups de pieds vers le défunt jusqu'à ce qu'on l'eût emporté de là, et il demeura ainsi fortement et cruellement agité jour et nuit jusqu'à l'enterrement. »

Possession d'un médecin et d'un procureur.

L'affaire de Loudun fit encore deux autres victimes : ce fut d'abord le médecin Mannouri, qui avait reconnu devant les juges que Grandier portait sur les membres et sur le corps les marques diaboliques. Il succomba rapidement à un délire hallucinatoire aigu.

Ensuite, ce fut le tour du lieutenant civil Chauvet, qui joua un rôle important dans le procès de Grandier, rôle cependant favorable à celui-ci. Accusé de magie par l'une des possédées, craignant pour sa vie et son honneur, il tomba dans un profond état de lypémanie dans lequel il resta jusqu'à sa mort.

Tel fut l'épilogue de l'épidémie d'hystéro-démo-nopathie du couvent de Loudun, qui ne dura pas moins de neuf années, pour se porter ensuite sur les femmes des environs de la ville, puis sur les religieuses de Chinon et finalement sur celles de Nîmes, comme nous l'avons vu.

CHAPITRE IX

Inquisiteurs. — Juges et médecins.

L'Inquisition, qui avait été instituée, au commencement du XIIIᵉ siècle pour combattre les hérésies, jugeant insuffisantes les armes spirituelles, eut recours contre les démoniaques à la prison, à la torture, aux bûchers. Elle fut malheureusement appuyée, dans son œuvre néfaste, par les hommes les plus éminents du Moyen Age : magistrats, écrivains, savants, médecins, à part quelques brillantes exceptions.

INQUISITEURS ET THÉOLOGIENS

Le pape Grégoire IX, dans une lettre adressée aux évêques, en 1234, leur faisait la description de l'investiture des sorciers. Il leur disait :

« Quand les sorciers reçoivent un novice, et quand

ce novice entre pour la première fois dans leurs assemblées, il voit un crapaud d'une grandeur énorme,
d'une oie au plus. Les uns le baisent à la bouche, les
autres par derrière. Puis ce novice rencontre un
homme pâle, ayant les yeux très noirs, et si maigre
qu'il n'a que la peau et les os : il le baise et le sent
froid comme une glace. Après ce baiser, il oublie facilement la foi catholique. Ensuite, ils font ensemble
un festin, après lequel un chat noir descend derrière
une statue qui se dresse ordinairement dans le milieu de l'assemblée. Le novice baise le premier ce
chat par derrière ; puis celui qui préside l'assemblée
et les autres qui en sont dignes. Les imparfaits reçoivent seulement le baiser du maître, ils promettent
obéissance ; après quoi, ils ôtent les lumières et commettent entre eux toutes sortes d'impuretés (1). »

Un membre de la Congrégation de Saint-Domi-
nique et professeur de théologie, Barthélemi de
Lépine, convaincu de l'existence des démons et des
démonolâtres, se montrait un des plus violents ad-
versaires des sorciers dans une dissertation française qui fut adoptée par ses coreligionnaires. Il
affirmait que les Stryges ou possédés vont au
sabbat en corps et en esprit, qu'ils ont des rapports
charnels avec le diablé, qu'ils immolent les enfants, qu'ils se transforment en animaux et notamment en chattes rousses, qu'ils ont des visions obscènes, qu'il faut par conséquent les exterminer, car
leur nombre devient incalculable.

Barthélemi de Lépine, en parlant ainsi, restait

(1) FLEURY, Hist. ecclesiast.

dans les traditions des Pères de l'Église, qui lancèrent l'anathème contre les prétendus possédés du démon. Discutant la possibilité admise par quelques médecins sur la nature morbide de la démonolâtrie, il se demandait s'il était possible d'admettre comme un fait rationnel :

« L'invasion et la propagation d'un mal qui se manifestent sur tant d'individus à la fois et qui produisent partout les mêmes idées délirantes, les mêmes sensations de la vue, de l'ouïe et du toucher ».

Le fait rationnel, c'était la contagion et non le mythe de la cohabitation des démonolâtres hallucinés avec les démons, doctrine absurde que partageaient Pic de la Mirandole, les théologiens et les procureurs, comme nous allons le voir.

JUGES, PROCUREURS ET DÉMONOLOGUES

Parmi les juges qui se faisaient les pourvoyeurs des bûchers de l'Inquisition, il faut citer en première ligne le trop célèbre Boguet, lieutenant criminel de Bourgogne, Bodin, d'Angers, procureur à Laon, Pierre de Lancre, son collègue d'Aquitaine, cités par Calmeil comme les plus fanatiques de leur siècle.

Pierre de Lancre, conseiller du roi au parlement de Bordeaux, publiait, en 1613, le *Tableau de l'inconstance des mauvais anges et démons* : et, en

1622, l'*Incrédulité et mécréance du sortilège pleinement convaincues.* Dans ces deux ouvrages, l'auteur traite toutes les questions de sorcellerie, et déclare qu'en sa qualité de juge, il aurait cru forfaire en épargnant la vie d'un seul prévenu de sorcellerie, car il considérait les sorciers comme les ennemis de la morale et de la religion. Il les accusait d'avoir trouvé le moyen :

« de ravir les femmes d'entre les bras de leurs époux, et faisant force et violence à ce sacré lien du mariage, car ils ont adultéré et joui d'elles en présence de leurs maris, lesquels, en spectateurs immobiles et déshonorés, voyaient ravir leur honneur sans pouvoir y mettre ordre : la femme muette, ensevelie dans un silence forcé, invoquant en vain le secours du mari et l'appelant inutilement à son aide ; et le mari charmé et sans aide lui-même, contraint de souffrir la honte à yeux ouverts et à bras croisés...

« Danser indécemment, festiner ordement, s'accoupler diaboliquement, sodomiser exécrablement, blasphémer scandaleusement, se venger insidieusement, courir après tous les plaisirs horribles, sales et dénaturés brutalement, tenir les crapauds, les vipères, les lézards et toutes sortes de poisons précieusement, aimer un bouc puant ardemment, le caresser amoureusement, s'accointer et s'accoupler avec lui horriblement et impudemment... »

Pourquoi Pierre de Lancre, au lieu de se livrer à cette littérature de sectaire, n'a-t-il jamais fait constater par les agents du guet, les sergents du parlement ou les soldats de la maréchaussée, la présence du diable qu'il décrit sous la forme d'un grand levrier noir (1) ou d'un grand bœuf d'airain couché à terre, — beau corps de délit cependant à apporter au Châtelet ?

Dans un autre passage, il démontre l'inconstance du démon, en faisant de lui cette ridicule description, plus digne d'un aliéné que d'un magistrat :

« Le diable au Sabbat est assis dans une chaire noire, avec une couronne de cornes noires, deux cornes au cou, une autre au front avec laquelle il esclaire l'assemblée, des cheveux hérissez, le visage pasle et trouble, les yeux ronds, grands, fort ouverts, enflammez et hideux, une barbe de chèvre, la forme du col et tout le reste du col mal taillez, le corps en forme d'homme et de bouc, les mains et les pieds comme une créature humaine, sauf que les doigts sont tous esgaux et aigus, s'appointants par les bouts, armez d'ongles, et ses mains courbés en forme d'oye, la queue longue comme celle d'un asne, avec laquelle il couvre les parties honteuses. Il a la voix effroyable et sans ton, tient une grande gravité et superbe avec la contenance d'une personne mélancolique et ennuyée. »

De toutes les dépositions qu'il a eu l'occasion d'entendre en sa qualité de conseiller au Parlement de Bordeaux, Pierre de Lancre a présenté un résumé de la cérémonie du sabbat, dans son premier mémoire. Il est intéressant de lire ce factum dans le style même de l'auteur.

(1) Pierre DE LANCRE, *Traité sur les démons*.

« Le sabbat, écrit-il, est comme une foire de mar-
chands mêlés, furieux et transportés, qui arrivent de
toutes parts, une rencontre et un mélange de cent
mille sujets soudains et transitoires, nouveax à la
vérité, mais d'une nouveauté effroyable, qui offense
l'œil et soulève le cœur. Parmi ces mêmes sujets il
s'en voit aucuns plaisants (mais fort peu), les autres
déplaisants, pleins de difformités, d'horreurs, ne ten-
dant qu'à dissolution, privation, ruine et destruction.
Des personnes s'y abrutissent et se transforment en
bêtes, perdant la parole tant qu'elles sont ainsi. Et
les bêtes au contraire y parlent et semblent avoir
plus de raison que les personnes, chacun étant tiré
hors de son naturel. Les courriers ordinaires du
sabbat sont les femmes. Or, elles volent et courent
échevelées, comme furies à la mode du pays, ayant
la tête si légère qu'elles n'y peuvent souffrir couver-
ture. Elles arrivent ou partent (car chacune a quelque infauste et méchante commission) penchées sur
un bâton ou balai, ou portées sur un bouc ou autre
animal, un pauvre enfant ou deux en croupe, yanta
le diable, ores au-devant pour guide, ores en derrière
en queue comme une rude fouetteur. Et lorsque Satan les veut transporter en l'air (ce qui n'est encore
donné qu'aux plus suffisantes) il les essore et élance
comme fusées bruyantes, et en la descente, elles
se rendent audit lieu, et fondent bas cent fois plus
vite qu'un aigle ou un milan ne saurait fondre sur sa
proie.

« Ces furieuses courrières ne portent jamais que
sinistres nouvelles, mais vraies, car elles ne contiennent que l'histoire véritable des maux qu'elles ont
fait. Le poison de toutes sortes et à tous usages est
la plus précieuse denrée de ce lieu. Les enfants font
les bergers, qui gardent chacun la bergerie des crapauds que chaque sorcière, qui les mène au sabbat,

leur a baillé à garder, ayant chacun une gaule
blanche en main, telle qu'on baille aux pestiférés
pour marque de leur contagion.

« Le diable, maître souverain de l'assemblée, s'y
représente parfois en bouc puant et barbu, la plus
horrible et orde figure qu'il a pu emprunter parmi
tous les animaux. Il s'y trouve et s'y voit quelquefois
en tronc d'arbre, épouvantable en forme d'homme
sombre et monstrueux, comme sont ces vieux cyprès
surannés à la cime d'une haute montagne, ou ces
chênes chauves que la vieillesse fait commencer à
sécher par la tête, vraiment tronc, car il paraît es-
cartelé et comme estropiat et sans bras, et en figure
d'un géant ténébreux. Que s'il paraît en homme,
c'est un homme géhénné, tourmenté, rouge et flam-
boyant comme un feu qui sort d'une fournaise ardente. Homme effacé, duquel la forme ne paraît qu'à
demi, avec une voix cassée, morfondue et non articulée, mais impérieuse, bruyante et effroyable. Si
bien qu'on ne saurait comment dire en le voyant,
s'il est homme, tronc ou bête. Il est assis dans une
chaire dorée en apparence, mais flamboyante, la
reine du Sabbat à son côté, qui est quelque sorcière
qu'il a débauchée, laquelle il fait paraître pompeuse,
ornée de plusieurs faux affiquets, et couronnée en
reine, pour amorcer les autres.

« Donnant aussi une forme affreuse presque à tous
ceux qui sont en cette assemblée maudite, les visages
desquels, à la fausse lumière de ces chandelles de
poix qui s'y voient, paraissent ténébreux, farouches
ou voilés, et les personnes de taille ou hauteur monstrueuse ou de bassesse extraordinaire et défectueuse.
On y voit des faux feux, au travers desquels il fait
passer quelques démons, puis des sorcières, d'où il
les tire sans douleur, pour les apprivoiser à ne crain-
dre les feux de notre justice en ce monde, ni les feux

éternels de la justice divine en l'autre. On y danse
en long, deux à deux et dos à dos, et parfois en rond,
tous le dos tourné vers le centre de la danse, avec
des chansons d'une composition si brutale que les
oreilles s'étourdissent.

« A la vérité, la description du Sabbat qui se fait
en diverses contrées semble être un peu variable.
Mais tout bien considéré, on est d'accord pour le
principal et pour le plus important des cérémonies.
C'est pourquoi je rapporterai ce que nous avons appris par nos procédures, et dirai simplement ce que
quelques notables sorcières en ont déposé devant
nous.

« Estebène de Cambrue, âgée de vingt-cinq ans, a
dit dans sa déposition du 18 décembre 1567, que les
sorcières n'allaient au grand Sabbat que quatre fois
l'année, que cette grande convocation s'appelle par
tout le pays : « Lanne de Bouc ». Qu'aucuns font là du
poison, desquels les autres le vont acheter — lequel
est fait de crapauds, avec une langue de bœuf ou
vache ou d'une chèvre, et des œufs couvés et pourris
et de la cervelle d'enfant, et le mettent cuire dans un
pot. Dit qu'elle a vu au Sabbat, un notaire qu'elle
nomme, lequel a accoutumé de lever les défauts de
celles qui ont manqué de se trouver au Sabbat, et dit
que encore qu'il pleuve à pleins seaux lorsqu'on est
en chemin pour y aller, l'on ne se mouille point,
pourvu qu'on dise ces mots : « Haut la coude quillet »,
parce qu'alors la queue de la bête sur laquelle ils
vont au Sabbat les couvre si bien qu'ils ne se mouillent
point. Et quand ils font un long chemin, ils disent
ces mots : « Pic Suber houilhe, en ta la lanne de bouc
bien m'arrecoueille. »

« Leger Rivasseau confessa en la Cour qu'il aurait
été au Sabbat par deux fois sans adorer le diable ni
faire comme les autres, parce qu'il avait ainsi fait

son pacte avec lui et baillé la moitié de son pied gauche pour avoir la faculté de guérir et la liberté de voir le Sabbat, sans être obligé à une autre chose.

« Marie d'Aspril Couette, habitante de Handrayé, âgée de dix-neuf ans, dit qu'elle a fréquenté les sabbats depuis l'âge de sept ans, conduite pour la première fois par Catherine de Molères, qui a été depuis exécutée à mort, lui ayant été maintenu qu'elle avait chargé le haut mal par un seul attouchement, à un fort honnête homme.

« Dit que plusieurs s'emploient au Sabbat à faire du poison. Qu'il y a deux sortes de poison, l'un épais comme onguent, l'autre liquide. Elles se servent du premier, qui est épais, pour maléficier les personnes, soit qu'elles le leur fassent prendre par la bouche, soit que cet onguent les touche sur les vêtements, étant si violent que pour peu qu'elles en jettent sur les habits de quelqu'un, il en mourra sans doute, ou en demeurera maléficié toute sa vie. Pour celui qui est liquide, elles le mettent dans un petit vase de terre troué en plusieurs endroits par le bout en forme d'arrosoir, et jettent cette liqueur diabolique sur les fruits et les blés pour les perdre et les gâter.

« Elles se servent encore d'un autre poison d'eau verdâtre, qu'elle ne sut dire de quoi il était composé, et s'en frottent les mains, et si elles en touchent seulement les habits on en meurt et on en est maléficié et misérable toute sa vie. Or, ce dernier est si violent, que lesdites sorcières qui en ont touché sont obligées, dans les deux ou trois heures, de se laver les mains de quelque autre eau, qui sert de remède, ou contre-poison, autrement elles-mêmes en mourraient. »

Qu'était-ce donc que la sorcellerie dans l'esprit de ces lieutenants criminels appelés à rendre plus de services à l'Inquisition que d'arrêts fixant la jurisprudence ? Un pacte, disaient-ils avec conviction, consenti entre l'homme et le diable : l'homme se vouant au culte de Satan et recevant en échange une part de sa puissance infernale !

D'après ce pacte :

« Le démon s'unit charnellement avec les sorciers et les sorcières ; mais, auparavant, ceux-ci s'enrôlent à son service, reniant Dieu, Christ, Vierge et profanant les objets de sainteté.

« Ils deviennent zélateurs du mal et rendent hommage au prince des Ténèbres.

« Ils se font baptiser par le diable et lui vouent leurs enfants nés et à naître.

« Ils commettent des incestes, font mourir les gens par poisons ou sortilèges et crever le bétail.

« Ils mangent de la charogne de pendus.

« Ils entrent dans un cercle cabalistique tracé par le Maudit, se font immatriculer au livre des Réprouvés, s'engagent à toutes sortes de forfaits contre l'humanité, et acceptent les *stigmates* secrets qui affirment leur vasselage avec Satan.

« Enfin, ils répudient toute autorité autre que celle de leur Maître en Kabbale et abominations, *et ils incitent le peuple à la révolte.* »

Telle était la base des réquisitoires du conseiller de Bordeaux. Ils n'étaient que le résumé habile des aveux arrachés à de pauvres hallucinées, qui le plus souvent répondaient affirmativement par un signe aux questions obscènes et déplacés des juges. Et cependant de Lancre avait relaté des faits de délire compliqué de convulsions, dans l'épidémie des environs d'Acqs.

Un autre auxiliaire ardent de l'Inquisition fut J. Bodin, d'Angers, procureur du roi à Laon, qui publia, en 1581, un ouvrage intitulé : *La Démonomanie*. Il exposait que les démonomanes jouissent de l'intégrité de leurs facultés mentales et qu'ils sont complètement responsables, devant la justice ecclésiastique et les parlements, de leurs relations impures avec les êtres surnaturels. Et il concluait en réclamant pour eux les flammes orthodoxes des bûchers. Cependant, disait-il, on peut délivrer les possédés par des exorcismes, et les animaux peuvent être exorcisés comme les hommes. A l'appui de sa thèse, il a apporté une collection de faits ne reposant sur aucune donnée précise.

Il dit que les possédés par un démon peuvent rejeter par la bouche des chiffons, du crin, du bois, des épingles. Il cite le cas d'une femme qui avait le menton tourné vers la nuque, la langue poussée hors la bouche, un gosier qui fournissait des sons analogues au croassement des corbeaux. Enfin, il prétend que le diable peut parler par la bouche des possédés et avoir recours à *tous les idiomes connus ou inconnus*, qu'il peut déflorer les filles et leur donner des sensations voluptueuses, etc.

« Les femmes n'ont pour tout vêtement, ajoute-t-il, qu'une chemise fort échancrée. Elles dansent ainsi ayant un gros chat accroché au pan de derrière, et chantant : *Har, har, diable, saute ici, saute là, joue ici, joue là*. Et les autres sorcières de répondre, en haussant leurs mains-garnies de balais : *Sabbat, sabbat*. »

Comment un homme aussi intelligent que Bodin, qui fut député aux États de Blois, qui a écrit six livres sur *La République* et les Constitutions, ouvrages qu'on a pu comparer à *L'Esprit des Lois* de Montesquieu, comment un publiciste de tant de talent a-t-il pu apporter comme des faits les contes qu'il mentionne dans son ouvrage sur les sorciers. Est-il possible qu'il ait lui-même ajouté foi à l'histoire de ce paysan de Loches *qui se trouva tout nud errant par les champs au matin*, et qui donna pour explication qu'il avait, pendant la nuit, surpris sa femme se préparant à aller au Sabbat et qu'il l'avait suivie, emporté avec elle par le diable jusqu'aux landes de Bordeaux ?... Et cette fille de Lyon qui est aperçue par son amant en train de se frotter avec de l'onguent magique, et qui est également transportée au Sabbat, où ledit amant arrive derrière elle, après avoir fait usage de la pommade magique ? Comme le paysan, il se trouva seul, près de Lyon, *tout nud*, dit Bodin ; et il s'empressa de dénoncer sa compagne « qui avoua et fut condamnée à être brûlée ».

L'ouvrage de J. Bodin est, en réalité, un plaidoyer de procureur, présenté avec passion et rédigé avec tous les arguments erronés des inquisiteurs. Aussi, arriva-t-il à convaincre la magistrature séculière et à fixer sa jurisprudence sur la question de crime de sorcellerie.

Pierre de Lancre, Bodin et autres démonologues, magistrats ou inquisiteurs du Saint-Office, étaient certainement des aliénés dans le sens métaphysique de Platon ; ils étaient atteints de cette maladie de l'esprit déterminée par une religion ignorante et superstitieuse, par l'effet d'une fausse conscience, qui asservit la religion aux caprices de l'imagination et aux dérèglements des passions.

« Cette folie religieuse sombre et cruelle qu'on appelle le fanatisme est une maladie de l'esprit, a dit Voltaire... Il y a des fanatiques de sang-froid ; ce sont les juges qui condamnent à la mort ceux qui n'ont pas commis d'autre crime que de ne pas penser comme eux. Et ces juges-là sont d'autant plus coupables, d'autant plus dignes de l'exécration du genre humain que, n'étant pas dans un accès de fureur comme les Clément, les Châtel, les Ravaillac, les Damiens, ils semblent qu'il pourraient écouter la raison. »

Par contre, la même année que Bodin livrait à la publicité son écrit inhumain, paraissaient à Paris *Les Essais* de Michel Montaigne, dans lesquels notre célèbre compatriote faisait appel à la philosophie. Il demandait que la vie humaine fût à l'abri des accidents fantastiques et rappelait cette sage ré-

ponse qu'il fit à un prince souverain, qui lui
montrait des sorciers condamnés à mort :

« En conscience, je leur eusse plutôt ordonné de
l'ellébore que de la ciguë, car ils me paraissaient
plus fous que coupables... C'est mettre ses conjectures
à un bien haut prix que d'en faire cuire un homme
tout vif. »

Cependant Bodin eut raison contre Montaigne...
Mais l'un est resté le procureur ignoré du Moyen
Age et l'autre le philosophe immortel, dont Colbert
avait certainement médité les doctes réflexions,
avant de présenter à Louis XIV la fameuse ordonnance de 1682, qui défendait à l'avenir *de faire
cuire les sorciers tout vifs.*

Il faut dire aussi que la philosophie avait à enre-
gistrer, dans ce triste siècle, les grands noms de
René Descartes, de Blaise Pascal, de Nicolas Male-
branche, de Thomas Hobbes, de François Bacon et
de Leibnitz, de Newton...

Malheureusement, ces grands esprits ne purent
prendre une part militante à la lutte entre l'intran-
sigeance cléricale et la libre pensée. Honorés comme
savants, les gouvernements ne les appelèrent jamais
à leur donner un conseil sur les questions confinant
aux principes d'orthodoxie religieuse.

C'est ainsi que la royauté très catholique permit
que cette grande névrose du Moyen Age fit un
nombre incalculable de victimes livrées au fana-

tisme des inquisiteurs et des juges. On peut s'en rendre compte d'après les documents suivants :

Le prêtre Troiséchelles, qui fut condamné, en 1571, comme démonolâtre, avait obtenu sa grâce à la condition qu'il dénoncerait ses complices. Il avoua à Charles IX qu'on pouvait évaluer à 300 000 le nombre des sorciers en France. Or, d'après le père Crespet, il n'y en avait que 100 000 sous le règne de François Ier ; le nombre avait donc triplé en moins de cinquante ans.

A l'époque de Henri IV, Boquet écrivait :

« Je tiens que les sorciers pourrayent dresser une armée égale à celle de Xerxez, qui étoit néantmoins de dix-huit-cent-mil hommes ; car s'il est ainsi que Troiséchelles, l'un des mieux expérimentés en leur mestier, déclare que, sous le roi Charles neufième, qu'ils étoyent en la France seule trois-cent-mil, à combien estimerons-nous le nombre qui se pouroit rencontrer ès autres pays et contrées du monde ? et ne croirons-nous pas que dès lors ils sont accreuz de plus de moitié ? Quant à moi, je n'en fais nul doute, d'autant que si nous jetons l'œil sur nos Voisins, nous les verrons tous fourmillier de ceste malheureuse et damnable vermine. L'Allemagne n'est quasi empêchée à autre chose qu'à leur dresser des feux ; la Suisse à ceste occasion se dépeuple beaucoup de ses villages ; la Lorraine fait voir aux étrangers mil et mil pouteaux où elle les attache et pour nous, nous voyons les exécutions qui s'en font en plusieurs pays. La Savoye n'en est pas vuide, car elle nous envoye tous les jours une infinité de gens qui sont possédés des démons, lesquels étant conjurez disent qu'ils ont été mis dans le corps de ces pauvres gens par des sorciers : joint que les principaux que nous avons fait brusler ici, en Bourgogne, en estoient originellement sortis. Mais quel jugement ferons-nous de la France ? Il est bien difficile de croire qu'elle en soit repurgée. Je ne parle pas des autres régions plus éloignées ; non, non, les sorciers marchent partout par milliers, multipliant en terre ainsi que les chenilles en nos jardins. Je veux bien qu'ils sçachent que si les effets correspondoyent à ma volonté, la terre serait tantost repurgée, car je désirerais qu'ils soient tous unis en un seul corps pour les faire brusler en une seule fois, en un seule feu (1). »

De son côté, Bodin, le digne émule de Boquet, écrivait :

« Il s'en trouva un si grand nombre, riches et pauvres, que les uns firent eschapper les autres, en sorte que cette vermine a toujours multiplié avec un témoignage perpétuel de l'impiété des acusez, et de la souffrance des juges qui avoyent la commission et la charge d'en faire le procès (2). »

D'après le même auteur, les théologiens et tous les juges de France « étoyent occupés à poursuivre les démonolâtres, qu'on jugeait en bloc par dix, par quinze, par bandes de cent cinquante... »

Et cela se disait à la fin du XVIᵉ siècle, alors que la magistrature cléricale et la justice inquisitoriale avaient encore plus d'un siècle à emprisonner, à

(1) BOQUET, *Discours des sorciers.*
(2) BODIN, *De la Démonomanie.*

pendre et à faire brûler les hallucinés que quelques philosophes et savants réclamaient comme des malades qu'il fallait soigner. Dans certains cas, on livrait au bûcher d'innocentes créatures qui n'avaient eu aucun rapport avec la sorcellerie, comme le démontre le fait suivant rapporté par Voltaire :

« En 1603, dans une petite ville de la Franche-Comté, une femme de qualité faisait lire la vie des saints à sa belle-fille devant ses parents : cette jeune personne un peu trop instruite mais ne sachant pas l'orthographe, substitua le mot d'*histoires* à celui de *vies*. Sa marâtre, qui la haïssait, lui dit aigrement : *Pourquoi ne lisez-vous pas comme il y a ?* La petite fille rougit, trembla, n'osa répondre ; elle ne voulut pas déceler celle de ses compagnes qui lui avait appris le mot propre mal orthographié, qu'elle avait eu la pudeur de ne pas prononcer. Un moine confesseur de la maison prétendit que c'était-le-diable qui lui avait enseigné le mot. La fille aima mieux se taire que se justifier : son silence fut reconnu comme un aveu. L'Inquisition la convainquit qu'elle avait fait un pacte avec le diable. Elle fut condamnée à être brûlée, parce qu'elle avait beaucoup de biens de sa mère, et que la confiscation appartenait de droit aux inquisiteurs : elle fut la cent-millième victime de la doctrine des démoniaques, des possédés, des exorcismes, et des véritables diables qui ont régné sur la terre (1). »

Les démonologues avaient donc toute latitude d'écrire, les uns après les autres, et sans apporter

(1) VOLTAIRE, *Dict. philos.*, art. *démoniaques.*

d'autre contrôle à leurs appréciations que de vagues
réponses souvent arrachées aux prévenus de sorcellerie, sous l'influence de la torture, quand elles
ne leur étaient pas dictées par l'activité de leurs
hallucinations. Leurs aveux ne pouvaient donc être
acceptés que par des ignorants fanatiques ou des
juges de mauvaise foi.

Alors qu'ils poursuivaient avec le plus d'ardeur
les malheureux démonolâtres en raison de leurs intelligences avec les esprits malfaisants, Leloyer
publiait sa monographie sur *les Spectres* (1).

Le célèbre conseiller angevin écrivait que l'âme,
essence spirituelle qui anime l'organisme, ne peut
être distraite et séparée pour un instant, comme
cela a lieu dans l'extase. Ce phénomène nerveux, qui
peut être *naturel* quand il se rattache à l'hystérie, au
somnambulisme, à la catalepsie, ou *provoqué* quand
il est produit expérimentalement par des sujets en
état d'hypnotisme, coïncide presque toujours avec
une vive impression morale et la suspension d'un ou
plusieurs sens. C'est pendant la durée de ce phénomène, d'après Leloyer, que l'âme peut exécuter des
pérégrinations lointaines, non orthodoxes d'ailleurs,
car c'est pour avoir raconté, dit-il, ce que, pendant
la période d'extase consécutive à une immobilité
cataleptique de plusieurs heures, ils avaient vu
dans l'intérieur et dans les environs de la ville que
sept extatiques furent jugés et brûlés à Nantes, en
1549.

(1) LELOYER, *Des spectres*, Angers, in-4°, 1558.

Dans un autre chapitre, Leloyer dit encore que les âmes peuvent, après la mort, impressionner les sens, en prenant une forme fantastique. Il rappelle, à l'appui de son opinion, que la fille du fameux jurisconsulte du xvie siècle, Charles Dumoulin, apparut à son mari et lui apprit le nom de ses assassins ; que ce fut un spectre qui informa la justice du crime commis par la femme Sornin sur la personne de son mari...

L'auteur des *Spectres* attribue aux êtres surnaturels la plupart des hallucinations ainsi que l'effroi qu'éprouvent certaines personnes qui habitent les *maisons hantées* par eux. Chaque nuit elles sont réveillées par le bruit des coups qui résonnent sur les cloisons et sur les parquets ; à chaque minute des éclats de rire, des sifflements, des battements de mains attirent leur attention ; leur vue est frappée par de subites apparitions d'ombres ; des spectres leur saisissent les pieds, le nez, les oreilles, vont jusqu'à s'asseoir sur leurs poitrines. Ces maisons, dit Leloyer, sont *les rendez-vous des démons.* Dans l'extase des sorciers, ajoute-t-il, l'âme est présente, mais elle est tellement préoccupée par les impressions qu'elle reçoit du diable qu'elle ne peut agir sur le corps qu'elle anime. Au réveil, les extatiques peuvent se rappeler les choses qu'ils ont vues, les événements auxquels ils ont assisté, comme dans le cas où l'âme abandonne temporairement son enveloppe terrestre. Enfin, il croit à la possession diabolique, à l'accouplement des démons avec les femmes, à la folie causée par ceux-ci.

Cependant, il fait certaines réserves; il convient que l'extase et les hallucinations peuvent être quelquefois provoquées par un état pathologique du système nerveux, et qu'elles ne sont pas fatalement le résultat de manœuvres diaboliques. Il commente également un certain nombre d'observations de stryges restés plusieurs heures dans le sommeil léthargique, soutenant, au sortir de cet état nerveux, qu'ils revenaient du Sabbat, fait qui était de nature à jeter, comme l'a dit Calmeil, de la défaveur sur les théories des conseillers de l'Inquisition.

L'opinion de Leloyer sur la possibilité pour l'âme d'impressionner les sens, après la mort, se retrouve dans les écrits des mages, et même dans les œuvres de Voltaire. Après avoir dit que la magie lui semble plus plausible que l'astrologie et la doctrine des génies, Voltaire ajoute (1) :

« Dès qu'on commence à penser qu'il y a dans l'homme un être tout à fait distinct de la machine, et que l'entendement subsiste après la mort, on donne à cet entendement un corps délié, subtil, aérien, ressemblant au corps dans lequel il est logé... Si l'âme d'un homme n'avait pas retenu une forme semblable à celle qu'il possédait pendant la vie, on n'aurait pu distinguer après la mort l'âme d'un homme avec celle d'un autre. Cette âme, cette ombre qui subsistait séparée de son corps, pouvait très

(1) Voltaire, Dict. philosoph. Magie. Oracles.

bien se montrerdans l'occasion, revoir les lieux qu'elle avait habités, visiter ses parents, ses amis, leur parler, les instruire ; il n'y avait dans tout cela aucune incompatibilité. Ce qui est peut paraître. »

L'opinion du patriarche de Ferney appartient au psychisme moderne. Il récuse les démons possédant les hommes, les femmes et les animaux, inspirant les oracles... Il blâme les premiers chrétiens, qui adoptèrent les croyances démoniaques des Phari-siens, leurs ennemis ; il reproche aux Pères de l'Eglise et ensuite aux moines d'avoir consenti à attribuer au diable une puissance capable de faire des prodiges et des miracles, d'avoir le don de diriger les grands événements, de produire les pestes, les convulsions et les maladies, de diriger les co-mètes ; il dénonce les prêtres de toutes les religions qui ont inventé l'existence des démons dans un but intéressé. Et il conseille à ceux-ci, dans un mo-queur sourire, de « s'adresser toujours aux facultés de théologie et jamais aux facultés de médecine », faisant ainsi allusion aux documents antidiaboliques contenus dans les ouvrages de Van Dale. Il pensait, d'ailleurs, comme B. Bekker, que les démonolâtres étaient des sujets atteints d'une affection du système nerveux.

LES MÉDECINS

Les erreurs des médecins des premiers siècles du

Moyen Age se continuèrent pendant longtemps, à quelques rares exceptions près.

Dans les ouvrages de Michel Savonarole, professeur à Ferrare et un des plus célèbres médecins de son siècle, et dans tous les ouvrages médicaux italiens, on retrouve toutes les idées superstitieuses des premiers temps.

En Allemagne, Agrippa de Nettesheim, philosophe, alchimiste et médecin, se montrait partisan de la magie dans ses livres publiés en 1530 et 1531 : *De incertitudine et vanitate scientiarum, De occulta philosophia*, dans lesquels il parlait d'ailleurs de l'action à distance et laissait entrevoir les pratiques du magnétisme.

Comme lui, ses contemporains Raymond Lulle et Reuchlin de Phorzheim publiaient des ouvrages sur la magie et la kabbale. J. B. Porta fondait à Naples l'Académie des *Secreti* pour le développement des sciences magiques, qu'il expliquait dans son traité *De magia naturali*. Presqu'à la même époque, Paracelse professait à Bâle qu'il possédait la panacée universelle, qu'il avait trouvé dans la magie et l'astrologie le secret de prolonger la vie. Après lui, François Van Helmont adoptait une doctrine produite par un mélange bizarre de mysticisme, de kabbale et de christianisme.

Au xvıᵉ siècle, Fernel qui, en tant que mathématicien et astronome célèbre, avait publié la *Cosmotheria* où il indiquait le moyen de mesurer avec exactitude un degré du méridien, dont les travaux

remarquables sur la physiologie, *De naturali parte
medicinæ*, sur la pathologie, la thérapeutique et
même les vésanies, lui valurent le surnom de
Galien français, Fernel admettait, lui aussi, l'action des esprits malins sur l'homme ; il croyait que
les adorateurs du démon pouvaient, à l'aide d'imprécations, d'enchantements, d'invocations, de ta-
lismans, attirer les esprits déchus dans le corps de
leur ennemi, et que ces démons y causaient des
accidents graves. Il comparait les possédés aux
maniaques, mais en reconnaissant aux premiers le
privilège de lire dans le passé et de deviner les
choses les plus secrètes. Il a été témoin, affirme-
t-il, d'un cas de délire causé par la présence du
diable dans l'organisme, qui fut d'abord méconnu
par plusieurs doctes médecins de l'époque (1). Enfin il tenait la lycanthropie pour une chose certaine
et indubitable.

Dans ce même XVIᵉ siècle, une autre de nos
gloires médicales, Ambroise Paré, le père de la
chirurgie française, adopta lui aussi la théorie des
inquisiteurs sur la sorcellerie.

Dans ses œuvres (2), où sont consignées ses remarquables découvertes anatomiques et chirurgi-
cales, on lit des passages ainsi conçus :

« Les démons se forment tout subit en ce qui leur
plaîst ; souvent on les void se transformer en serpents,

---

(1) J. FERNELLI, *Opera universa medicina*, lib. II, ch. XVI.
(2) Amb. PARÉ, *Œuvres*, 9ᵉ édit. Lyon, 1833, p. 780.

crapaux, chats-huants, corbeaux, boucs, asnes,
chiens, chats, loups, taureaux ; ils se transmuent en
hommes et aussi en anges de lumière ; ils hurlent la
nuit et font bruit comme s'ils estoint enchaînez ; ils
remuent bancs, tables, bercent les enfants, feuillettent
les livres, comptent l'argent, jettent la vaisselle par
terre, etc. (1). Ils ont plusieurs noms connus : Caco-
démons, incubes, succubes, coquemares, gobelins,
lutins, mauvais anges, Satan, Lucifer, etc.

   « Les actions de Satan sont supernaturelles et incompréhensibles, passent l'esprit humain, et n'en
peut-on rendre raison non plus que de l'aimant qui
attire le fer et fait tourner l'aiguille... Ceux qui sont
possédés des démons parlent la langue tirée hors la
bouche, par le ventre, par les parties naturelles ; *ils
parlent divers langages incognus*, font trembler la
terre, tonner, esclairer, venter, desracinent les arbres, font marcher une montagne d'un lieu à un
autre, souslèvent en l'air un chasteau et le remettent
en sa place, fascinent les yeux et les éblouis-
sent, etc.

   « Incubes sont démons qui se transforment en
guise d'hommes, ont copulation avec les femmes sorcières. Succubes sont démons qui se transforment en
guise de femmes, et telle habitation ne se fait pas
seulement en dormant, mais aussi en veillant. »

Ambroise Paré, dit Calmeil, voulant rappeler
que les démons « *entassent au corps des personnes
mille choses estranges*, comme vieux panneaux,
os, ferrements, clous, espines, fil, cheveux, morceaux de bois, serpents et autres choses mons-

---

(1) Ces phénomènes s'observent dans ce qu'on appelle
encore aujourd'hui les maisons hantées.

trueuses », cite le fait du chirurgien allemand
Neussesser, qui concluait que ce fut le diable qui
fit apparaître les lames de fer et les autres objets
aperçus dans l'estomac et les intestins d'un de ses
opérés.

Jean Wier, médecin du duc de Clèves, avait été
reçu docteur à Paris ; et, comme Corneille Agrippa
dont il fut le disciple, il crut à l'astrologie, à l'alchimie, à la kabbale, aux ensorcelés, aux sorcières,
aux démons, à la possession des humains par
ceux-ci. Mais dans ses œuvres, qu'il publia en
1560 (1), il innocente les malheureux qui sont
leurs victimes ; il les réclame pour les soigner et
les guérir. Il se déclare convaincu que beaucoup
de sorciers, stryges, lycanthropes qu'on s'acharne
à brûler ne sont que des malades dont l'intelligence
a été troublée par des esprits malfaisants, que les
maléfices qu'on leur impute ne sont dangereux
pour personne. Ils sont dupes des fausses sensations
qu'ils ont éprouvées dans leur transport extatique
ou dans leur sommeil.

Wier soutient que la monomanie homicide des
habitants de Vaud n'a pu être accréditée que par
des imbéciles ou des ignorants, que les stryges dont
on répandait le sang sur les rives du Léman, sur les

(1) J. WIER, *Histoires, disputes et discours des illusions et impostures des diables, des magiciens infâmes,
sorcières et empoisonneurs, des ensorcelez et démoniaques
et de la guérison d'iceux.* Bibliothèque diabolique, Lecrosnier, édit.

bords du Rhin, dans la Savoie et ailleurs, n'avaient jamais eu ni délits, ni meurtres à se reprocher. Et il cite encore d'autres condamnations où la folie et l'innocence des condamnés paraissent aussi incontestables que l'évidence (1).

En général, il déclare toujours les sorcières irresponsables, les réclame et se charge de combattre les diables sans exorcisme. Il disait aux juges et aux inquisiteurs :

« Avant tout, ne tuez pas, ne torturez pas... Craignez-vous donc que ces pauvres femmes ne souffrent pas assez que vous vous ingéniez à les faire souffrir encore ? Pensez-vous qu'il y ait une misère pire que la leur ? Ah ! si elles vous paraissent mériter un châtiment, rassurez-vous : leur maladie suffit. »

Belles paroles dignes d'un grand philosophe. Né au XVIᵉ siècle, il croyait à la magie et à la sorcellerie, mais comme médecin il plaidait la maladie, et comme homme il réprouvait l'échafaud. *Le devoir des moines, disait-il encore, est de s'estudier plutôt à guérir qu'à faire périr.* Mais hélas ! il prêchait dans le désert en s'adressant à eux.

D'autres médecins partageaient les idées de J. Wier : Félix Plater, auteur d'une étude de valeur sur les affections mentales et les lésions des centres nerveux, attribuant à un sommeil comateux les hallucinations des démoniaques, tout en reconnais-

_____

(1) J. WIER, *De præstigiis Dæmonum.*

sant la puissance des démons, comme son contemporain Sennert, comme Thomas Willis, l'auteur
d'un ouvrage remarquable des affections nerveuses,
comme Bayle et Grangeron, de Toulouse (1) dans
leur rapport sur les cas de folie hystérique contagieuse. Tous ces médecins croyaient à l'action des
démons sur l'entendement, mais tous se firent les
apôtres de l'humanité.

A côté d'eux, nous devons écrire avec respect les
noms de cette pléiade de savants français et étrangers, qui eurent le courage de rejeter la théorie
des démonologues et de lutter contre le despotisme
ecclésiastique :

André Alciat, affirmant que les démons n'existaient pas, s'élevant contre les inquisiteurs et ne
craignant pas d'accuser un d'eux de faire mourir
une multitude d'hallucinés, considérant le sabbat
des sorciers comme une absurdité, et ne voyant
dans les sorcières que de pauvres femmes dupes de
leurs rêves fantastiques.

Paul Zacchias, l'auteur de *Questions médico-
légales,* ouvrage dans lequel il se montre aussi savant manigraphe que remarquable médecin légiste,
dénonçant les cruautés commises contre les démonomanes, s'élevant contre les inquisiteurs, niant l'existence des démons.

(1) Bayle avait dit que l'esprit est sujet aux maladies
épidémiques tout comme le corps, en 1681, un an avant
l'arrêt des procès de sorcellerie.

F. Ponzinibius, soutenant que les démonolâtres étaient des fous et les théologiens des êtres ridicules, détruisant une à une toutes les raisons ayant servi de base à la justice criminelle de son époque, écrivant que la démonolâtrie constitue une maladie véritable, attribuant à l'état de dépravation des sens toutes les sensations faisant croire aux *lamies* qu'elles rendent un culte à Satan ; affirmant qu'il est faux que certaines personnes puissent se réunir la nuit à l'insu de leur famille dans les lieux fréquentés par les esprits, que les accouplements des sorciers, tous les crimes qu'ils ne demandent pas mieux de supposer ne sauraient être prouvées légalement, qu'il est atroce, par conséquent, de brûler des visionnaires. Calmeil.

Balthazard Bekker, prouvant par des arguments irréfutables (1) que l'existence des diables était une invention du charlatanisme de toutes les religions, que les sorciers n'étaient que des malades, acceptant pour la défense de ses idées d'incessantes persécutions.

Antonio Van Dale (2), médecin érudit et grand philosophe, démontrant que les démons n'étaient pour rien dans les choses humaines, qu'ils avaient été imaginés par des fripons intéressés à leur existence. Le livre de Van Dale est resté pour les sa-

(1) B. BEKKER, *De Betooverde Weereld*, 1691.
(2) VAN DALE, *Dissert. de origine et progressu idolatriæ et superstitionum*, 1696, et *De oraculis veterum ethnicorum*, 1683, trad. de FONTENELLE.

vants, et la traduction atténuée de Fontenelle pour
les gens d'esprit, a dit Voltaire, mais les jésuites
prirent le parti du diable contre eux sans pouvoir
réfuter les documents qu'ils avaient fournis.

Ajoutons à cette liste : *François de le Boë*, auteur d'un traité remarquable de pathologie cérébrale ; *Théophile Bonet*, anatomo-pathologiste et
neurologiste éminent ; *Guillaume de Baillou*, grand
clinicien, auteur d'un traité des maladies encépha-
liques très important ; *Gassendi*, concluant de ses
observations que les prétendus voyages à travers
l'espace sur un ramon, le sabbat et les crimes des
sorciers n'existaient que dans leur imagination, que
ceux-ci étaient des malades atteints dans leurs facultés mentales et non des criminels, comme le prétendaient les démonologues.

Nous pourrions écrire d'autres noms des médecins qui contribuèrent à ramener la science à l'étude
des faits et à la débarrasser des idées spéculatives
du Moyen Age, en l'affranchissant de l'autocratie
religieuse et du fanatisme d'une magistrature inquisitoriale. En refusant de se faire leurs auxiliaires et
d'adhérer aux doctrines des démonologues, en élevant
la voix contre tous les pourvoyeurs des bûchers,
au nom de la psychologie et de la raison, ils se
montrèrent à la hauteur de la mission humanitaire
que les peuples doivent attendre de leurs savants.

CHAPITRE X

Faits de médiumnité attribués à la démonopathie.

En publiant, en 1845, le fruit de ses longues et patientes recherches dans son ouvrage *De la Folie*, Calmeil a rapporté plusieurs faits qu'il dit avoir été mal interprétés au xvıᵉ siècle, et qu'il place dans la catégorie des accidents nerveux mal déterminés ou dans celle des monomanies. Ces faits sont considérés aujourd'hui par beaucoup de physiologistes et de psychologues comme des phénomènes appartenant à la Force psychique, pour me servir de l'expresion que W. Crookes leur a donnée. J'en citerai quelques cas :

Philippe de Mélanchton, le grand helléniste, a communiqué à Leloyer le fait suivant :

« Un jour qu'éplorée la veuve de son oncle pensait à celui qu'elle avait perdu, deux spectres parurent

tout à coup à ses côtés. L'un avait l'habit, la repré-
sentation, le port et la forme de son défunt mari ;
l'autre, fort grand de stature, était habillé en corde-
lier. Celui qui représentait le mari s'approcha d'elle,
lui dit quelques paroles consolantes, la toucha de sa
main et disparut avec son compagnon. »

Après quelques hésitations, Mélangton conclut
que ces deux spectres étaient deux démons, conformément aux doctrines du Moyen Age.

Jérôme Cardan, le mathématicien célèbre par la
découverte de la formule pour la résolution des
équations cubiques, appartenait au groupe des démonographes. Il eut plusieurs apparitions de fantômes à la réalité desquelles il croyait fermement,
mais il ne voyait en eux que des démons bien-
veillants. Son père, Facio Cardan, eut à constater,
lui aussi, des phénomènes psychiques semblables ; —
et Cardan n'hésite pas à qualifier de diables ces apparitions spectrales, tant l'imagination exaltée par
la crainte chimérique de Satan et de ses acolytes
voyait partout l'œuvre des porteurs de maléfices,
même dans les incidents les plus ordinaires de la
vie.

Don Calmet a fait mention d'un fait rentrant
dans la même catégorie de phénomènes. Calmeil l'a
résumé en ces quelques lignes :

« Vers 1737, un habitant de Kisilova, en Hongrie,
raconta à ses voisins que son vieux père que l'on
avait enterré trois jours auparavant lui était apparu

au milieu de la nuit... Après la mort de ce *vision-naire*, survenue au bout de quarante-huit heures, on se hâta de livrer le cadavre du vieillard à l'exécuteur public, qui lui enfonça un pieu dans la poitrine et le brûla comme vampire. »

DON DES LANGUES

La faculté qu'avaient les nonnes atteintes de démonopathie hystérique de comprendre et de parler des langues étrangères était attribuée à la posession démoniaque de ces religieuses, comme je l'ai plusieurs fois fait remarquer.

Dans son chapitre *Histoires mémorables de quelques exorcistes* (1), J. Wier rapporte qu'un curé de village voulait délivrer une jeune fille nommée Hélène, qui était démoniaque (1559). Trompé par les assertions du diable parlant par la bouche de la possédée,

« le pauvre curé, dit-il, tout indigné, commença par lui parler latin en cette matière, croyant, comme je pense, que le diable n'entendait pas son langage : Si tu as aucune puissance de passer dedans le sang chrétien, sors du corps de cette fille et entre dedans moi. Le diable incontinent lui répondit en latin et brusquement... »

Ch. Richet, a publié, en 1905, dans les *Annales des sciences psychiques*, un travail sur un phéno-

(1) J. WIER, ouv. cit., lib. II, ch. XXIV.

mène observé par lui pendant près de six ans. Il s'agit de l'écriture automatique en langues étrangères qu'il a désignée sous le nom de *xénoglossie*, de deux mots grecs XENOS étranger et GLOSSA langue.

L'observation qui fait la base de ce travail concerne non une professionnelle de la médiumnité, mais une dame du monde, Mme X. âgée de 35 ans. à laquelle il fut présenté par un ami commun, M. F. Myers.

A la première entrevue, Mme X. perdit à peu près connaissance ; et, dans l'état de transe, les yeux fermés, elle écrivit au crayon deux phrases grecques, dont voici la traduction : *La sagesse humaine est peu de chose, et même elle n'est rien. Voici que déjà je vais vous quitter.*

La première phase, ajoute M. Richet, se trouve dans l'apologie de Socrate, et la seconde à la fin de ce même ouvrage.

Quelques jours après, Mme X écrit, dans le même état de transe, en présence de M. Richet, cette autre phrase grecque, ainsi traduite : *Salut, je suis le nommé Antoine Renouard. Rendez grâce à Dieu.*

Antoine Renouard, éditeur et bibliophile, était l'arrière-grand-père maternel de M. Richet, dont Mme X. n'avait jamais entendu parler.

Dans une séance suivante, Mme X. écrit encore deux phrases grecques. L'une, tirée du *Phèdre* de Platon, dont voici le sens : L'homme qui sait se servir de ces réminiscences est initié sans cesse aux mystères de l'infinie perfection, et seul devient lui-même véritablement parfait. L'autre signifie : Ayez un peu de patience, tout vient à souhait.

Cette dernière se retrouve dans le dictionnaire de Bysantios. Une autre phrase signifiait : Quand le soleil est à son levant et à son couchant, l'ombre se projette au loin.

La communication suivante, était une grande page de grec moderne, reproduisant un passage de *Paul et Virginie*, de Bernardin de Saint-Pierre. Puis, la traduction en grec de cette phrase de Cicéron : *Graecis licet utare, cum voles, si te latinae forte deficiant.* Une autre phrase est la traduction en grec d'un passage des *Mystères de Paris*, d'Eugène Sue. Cette phrase est suivie d'une autre, prise dans la dédicace au roi Louis-Philippe de la 2ᵉ édition du dictionnaire de Byzantios et Coromélas, dont la traduction en français serait : Après avoir conquis par de pénibles travaux son indépendance politique, la Grèce se propose aujourd'hui un nouveau but non moins noble que le premier : elle veut rappeler dans son sein les lumières qui l'avaient jadis couverte de gloire.

Je laisserai de côté les autres communications, quoique non moins intéressantes. Il en est une, en effet, qui avait rapport à la guerre russo-japonaise, disant : cette guerre intéresse toute l'Europe.

M. Richet cherche quelle explication il faut donner à ces faits.

Il établit d'abord, avec un luxe de détails, digne

d'un savant de laboratoire, qu'il est impossible d'admettre l'hypothèse d'une fraude de la part du médium. Mme X. ne sait pas un mot de grec, ni ancien ni moderne. Son écriture est tremblée, et elle paraît tracer les caractères en les copiant, sans savoir les écrire, d'après une image qu'elle aurait devant elle.

Le phénomène doit-il être interprété par l'hypothèse de la mémoire inconsciente, se demande M. Richet : « Ce serait encore d'après les données tout à fait inacceptable. Il faudrait admettre l'extension prodigieuse, inouïe, invraisemblable, qui serait donnée à la mémoire humaine. »

Quoique notre physiologiste considère le fait comme inexplicable, son observation très scientifique vient à l'appui de ce que l'on a appelé le *don des langues* chez les possédés. Mais cette faculté n'est pas particulière à ces malades pas plus qu'à certains hypnotiques. François de la Mothe Le Vayer, écrivain et philosophe du siècle de Louis XIV, membre de l'Académie, trop sceptique pour croire à la possession diabolique, interprétait le don des langues, à l'exemple de Platon, comme la conservation par l'homme d'une connaissance virtuelle des différentes langues.

« Ce grand pouvoir de la nature, dit-il, ne se reconn·· jamais visiblement, que quand notre âme, prese·· séparée de la matière, opère sans le ministère des sens, comme il luy arrive quand elle tombe en extase ; ou que, dans un sommeil extraordinaire,

l'imagination demeure libre, il fait des opérations
qui passent pour miraculeuses... »

Le Vayer cite le fait d'un officier du nom de Le
Fèvre que lui signala M. de Guitaut, capitaine
des gardes du corps. Dans son sommeil, Le Fèvre
répondait aux questions qu'on lui faisait en des
langues qu'il avait toujours ignorées. Ce phénomène
fut confirmé par M. du Pouy et M. de la Roquette,
amis de Le Fèvre.

Le Vayer cite encore d'autre faits semblables :

« La femme d'un savetier de Mantoue fut guérie
par un médecin d'une maladie mélancolique qui la
faisait parler diverses langues.

« Erasme affirme aussi, dans son panégyrique de
la médecine, qu'un homme de la ville de Spolette,
devenu maniaque, ait parlé fort bon allemand sans
aucune instruction précédente ; avec cette particula-
rité qu'il n'entendit plus la même langue tudesque,
aussitôt qu'il fut guéri... »

Parmi les phénomènes ressortissant à la médiumnité, je rappellerai le cas de cette fille de Laupardie,
atteinte de démonopathie; qu'on était obligé, dans
ses crises, d'attacher avec des liens très solidement
fixés à son corps et qui subitement se trouvaient
déliés...

Calmeil a mentionné un fait de *lévitation* chez
une démonopathe, attribuée à la présence du
démon par les démonologues. Comme M. Richet,
notre ancien maître ne trouve pas d'explication à

donner à ce phénomène, que la physiologie ne pourra
comprendre que lorsqu'elle fera abstraction des éléments anatomiques pour résoudre les problèmes de
psychologie.

Voici, d'ailleurs, un autre document susceptible
de déconcerter les physiologistes de l'Académie de
médecine, qui nous a été donné par J. Wier, sous
ce titre : *Procès-verbal fait pour délivrer une
fille possédée par le malin esprit à Louviers* (1),
cinquante ans avant l'épidémie de démonopathie.

Ce procès-verbal est plutôt une suite de onze procès-verbaux signés par des magistrats, des médecins, des conseillers royaux, affirmant un ensemble
de phénomènes qu'on observe encore de temps en
temps, dans les *maisons hantées*.

La maison de Louviers où ces faits ont été observés était habitée par deux dames âgées et une
jeune domestique du nom de Françoise Fontaine.
Le premier procès-verbal constate que deux sous-
officiers de la troupe d'occupation, logés temporairement dans cette maison, portèrent plainte à leur
chef, le Sr du Rollet, qu'un esprit la hantait, et le
capitaine Diacre se rendit compte, en effet, du désordre de la maison, du renversement des meubles,
de l'affolement des deux dames, etc.

Françoise Fontaine, soupçonnée d'avoir des intelligences avec le diable, fut arrêtée et conduite à la

---

(1) Procès-verbal *in extenso, in Sciences occultes,* Dupouy.

prison de la ville. Cette fille était née à Paris, elle
était âgée de vingt-deux ans, et déclara devant les
autorités de la ville qu'elle avait déjà été témoin de
choses semblables dans une « maison hantée », dit-
elle, par des esprits malins, qui l'effrayaient au
point d'aller coucher chez une voisine, quand sa
maîtresse était absente.

Le 31 août 1591, Loys Morel de la Tour, conseiller du roi, reçut la déclaration de Pierre Alix,
garde des prisons de Louviers, des désordres qui se
produisaient dans la prison depuis l'arrivée de
Françoise Fontaine, les prisonniers épouvantés
voulaient s'enfuir.

Toute la magistrature se transporte à la prison.
On trouve la pauvre fille sous une porte très lourde;
et pendant qu'on essayait de la dégager, on voit un
énorme cuvier « s'élever en l'air avec grand bruit ».
Après avoir été examinée et pansée par un médecin
et un chirurgien, elle fut conduite dans la salle de
la juridiction pour être interrogée. Au moment où
le greffier commençait à écrire son procès-verbal,
on vit Françoise Fontaine s'élever toute droite en
l'air et retomber sur le dos et traînée ainsi dans
toute la juridiction « sans que personne ne la tou-
chast ny feust auprez d'elle ».

Immédiatement on mande deux prêtres avec de
l'eau bénite, M. Nicolas Roussel, médecin, et
M. Gauthier, chirurgien, assisté du Sr Urbin, apo-
thicaire. Et, devant eux, les mêmes phénomènes de
lévitation se reproduisent.

Françoise fait alors sa confession : elle fait connaître les obsessions diaboliques auxquelles elle a
été sujette pendant toute sa vie ; elle avoue-avoir
consenti « à laisser prendre une mèche de ses cheveux à un diable en forme de grand homme noir
avec lequel elle avait cohabité », dans les conditions
habituelles des hystériques démonopathes, en proie
aux violences des incubes.

Le procès-verbal ajoute qu'à un moment donné
presque toutes les chandelles s'éteignent, sont en-
levées des chandeliers, les témoins, magistrats,
médecins, greffier, se sentent saisis par les membres,
maltraités, battus, blessés, sans voir d'où venaient
les coups qu'ils recevaient, pendant que Françoise
criait sous les contusions et blessures qui lui étaient
faites au même moment, au point d'avoir « tout le
visage en sang ».

Commencent alors les exorcismes ; et les phénomènes de lévitation s'accentuent prodigieusement. A
l'église, pendant la messe, « icelle Françoise a de rechef esté enlevée hors de terre, plus hault que l'autel,
comme si on l'eût prise par les cheveux... » Même
cas de lévitation à l'église au moment où le prêtre
lui présentait l'hostie : « elle est emportée en l'air ».

Reconduite en prison, il fut décidé qu'on lui ra-
serait les cheveux comme on le faisait aux sorcières.
Pendant l'opération faite par le chirurgien Gauthier, « Françoise est de rechef enlevée en l'air fort
hault, la tête en bas, les pieds en hault sans que
ses ascoustrements ne soient renversés... »

Comme pour les précédents procès-verbaux, celui-ci est attesté par les magistrats, les deux médecins et le greffier, c'est-à-dire par sept personnes dont le témoignage, au point de vue des faits matériels, ne saurait être suspect, et dont on ne peut, en cette circonstance, contester l'honnêteté ; car ce fut par leurs soins que Françoise fut mise en liberté, après la disparition des symptômes inexplicables qu'ils constatèrent, heureusement sans l'assistance de MM. les inquisiteurs (1).

Quels rapports existe-t-il entre l'hystérie et la médiumnité ? Telle est la question qui réclame maintenant une étude approfondie, en raison de tous les faits que nous venons d'exposer. Mais, les phénomènes de lévitation, de xénoglossie, de télépathie, etc., n'appartiennent pas fatalement à la psychologie morbide. Quoiqu'ils fassent partie du processus pathologique de la folie démoniaque, ils n'ont rien de vésanique par eux-mêmes, quoique certains membres du clergé veulent encore n'y voir que des œuvres sataniques.

Ces phénomènes sont sortis aujourd'hui du domaine des conjectures vagues et des vaines hypothèses ; ils appartiennent à la catégorie de ceux qui sont accessibles et qu'on doit constater sans parti-pris, sans oublier, comme l'a dit Le Bon, que :

(1) *Manuscrit de la Bibliothèque Nationale, publié par A. Bénet, archiviste-paléographe, introduction de B. de Moray*, 1883, Lecrosnier, édit.

« Derrière les phénomènes que nous voyons bien,
il en est d'autres que nous voyons mal, et peut-être
même, derrière ces derniers, d'autres encore que
nous ne connaissons pas. »

Hallucinations de Jeanne d'Arc.

Les aliénistes de l'Ecole de Charenton, les élèves
d'Esquirol, Calmeil, Baillarger, Moreau de Tours,
Lélut n'ont vu dans les hallucinations de Jeanne
d'Arc qu'une complication d'un état vésanique analogue au délire des théomanes.

« Calmeil dit formellement que Jeanne d'Arc était
une théomane hallucinée, mais heureusement, ajoute-
t-il. pour sa réputation et pour sa gloire, cet état de
l'appareil nerveux agissait en enflammant son ardeur
guerrière, en communiquant à son commandement
un air de puissance presqu'inouïe, en entretenant
une sorte d'illumination de tout l'entendement plutôt
qu'en faussant la rectitude de son jugement... Tous
ses actes, quelque grands qu'ils fussent, s'accom-
plirent sous l'influence d'une folie sensoriale, mais
il arriva qu'en prenant les erreurs de l'imagination
pour des faveurs célestes, on sauva un royaume et
on fonda un beau nom. »

Calmeil reconnaît donc l'intégrité de sa raison et
de son jugement, la plénitude de ses facultés intellectuelles qu'elle exerce dans le commandement
d'une armée, aux prises avec le mauvais vouloir des
généraux, avec la force d'inertie qu'on oppose tou-

jours à la volonté d'un chef nouveau qui est imposé. Et, malgré cela, quoique ses facultés intellectuelles ne présentent aucun affaiblissement, comme on l'observe dans toutes les formes de la vésanie religieuse, il se croit obligé de voir en elle une malade atteinte de folie sensoriale.

Son collègue Lélut, médecin de Bicêtre, n'hésite pas non plus à prononcer son verdict :

« Tous ceux, dit-il, qui ont de fausses perceptions, fussent-ils Socrate, Jeanne d'Arc, Pascal, etc., sont des hallucinés, des fous. »

L'autoritarisme de ces deux savants s'appuyait sur leur doctrine qui n'admettait que des hallucinations pathologiques, repoussant ainsi les hallucinations physiologiques, que nous avons différenciées dans notre chapitre sur les hallucinations, malgré les affirmations de Baillarger à l'Académie de médecine concluant à l'identité de la folie et des hallucinations.

Dans le camp opposé, nous allons trouver un autre savant, médecin des hôpitaux de Paris, qui s'est fait le défenseur des hallucinations physiologiques dans son remarquable *Traité des hallucinations*. C'est le Dr Brierre de Boismont. Et voici ce qu'il dit :

« Les hallucinations de Jeanne d'Arc doivent être considérées comme le plus haut degré de la repré-

sentation mentale,sous l'influence de stimulants nor-
maux.

« ... Le caractère de cette noble fille a été très bien
tracé par les éminents historiens de notre époque.
Aussi les croyons nous dans le vrai lorsqu'ils la re-
présentent comme douée au plus haut degré de cette
intelligence à part qui ne se rencontre que chez les
hommes supérieurs des sociétés primitives, chez les
héros qui, comme le dit Carlyle, sont des messagers
envoyés du fond du mystérieux infini vers nous...

« Jeanne appartient à ces âmes d'élite qui s'épren-
nent de toutes les idées généreuses, volent au secours
de toutes les infortunes, ne reculant devant aucun
danger, franchissent les obstacles les plus insurmon-
tables, et marchent en avant quand des milliers
d'autres s'arrêtent. »

En résumé, voici une femme de cœur, intelli-
gente, méprisant le danger, oubliant les siens, et
fuyant son pays natal, pour accomplir une haute
mission, qui demande de sa part une énorme puissance de suggestion sur une collectivité d'hommes
armés, sans idéal et sans discipline. Et cette femme
qui croit en son étoile comme les grands généraux
de l'antiquité, serait une aliénée, une vulgaire hallucinée destinée à tourner en cercle dans le préau
d'un asile!...

C'était une extatique, a-t-on dit. Mais l'extase
n'est pas un symptôme vésanique. Ecoutons H. Martin sur cette question :

« L'histoire, dit-il, et ajoutons l'observation, cons-
tatent que les phénomènes de l'extase sont de tous

les temps et de tous les lieux; les hommes y ont toujours cru ; ils ont exercé une action considérable sur les destinées du genre humain ; ils se sont manifestés non pas seulement chez les contemplatifs, mais chez les génies les plus puissants et les plus actifs, chez la plupart des grands initiateurs. Si déraisonnables que soient beaucoup d'extatiques, il n'y a rien de commun entre les divagations de la folie et leurs visions ; ces visions peuvent se ramener à certaines lois : les extatiques de tous les pays et de tous les siècles ont ce qu'on peut nommer une langue commune, la langue du symbole, dont la langue de la poésie n'est qu'un dérivé, langue qui exprime à peu près constamment les mêmes idées et les mêmes images ; c'est une similitude que nous retrouvons dans les *hallucinations compatibles avec la raison chez les personnages providentiels.*

« L'extase, dans ces cas, est une exaltation prodigieuse des puissances morales et intellectuelles, d'où jaillissent les révélations intérieures de cette personnalité infinie qui est en nous et qui, parfois, chez les meilleurs et les plus grands, manifestent par éclairs des forces latentes, dépassant presque sans mesure les facultés de notre condition actuelle. »

L'extase telle que l'a comprise notre grand historien, n'est pas l'extase cataleptique des neuropathologistes, avec suspension plus ou moins complète des facultés intellectuelles et rigidité musculaire, — mais l'extase psychologique dans laquelle les fonctions sont suspendues, à l'exception de l'imagination, état dans lequel la matière a, pour ainsi dire, perdu ses droits, en laissant l'esprit maître absolu, absorbé dans une unique pensée. C'était l'extase de Jeanne.

C'est ainsi que l'a compris le Dr Ideler, de Berlin.

« L'importance de ces considérations, dit-il, en faisant allusion aux opinions de Brière de Boismont, peuvent nous servir de critérium pour distinguer la folie réelle des phénomènes insolites du génie, de l'exaltation morale, qui doivent nous guider dans le cours de nos recherches ; elles sont encore plus évidentes dans l'application que le médecin français fait des principes émis à la vie des personnages célèbres. Je lui emprunte la belle peinture qu'il nous a donnée de la Pucelle d'Orléans. »

Après les appréciations sur les hallucinations formulées par les principaux médecins et psychologues du siècle dernier, qu'il me soit permis d'écrire avec impartialité l'observation clinique de Jeanne d'Arc.

Jeanne est née en Lorraine, à Domrémy. Elle appartenait à une famille de paysans ; elle gardait un troupeau de moutons jusqu'à l'âge de dix-huit ans.

Elle n'avait aucun antécédent pathologique héréditaire ou acquis.

Elle était douée d'une forte et précoce intelligence, et d'une grande imagination qu'elle exerçait sur les malheurs de la France déchirée par les factions intérieures et à peu près entièrement conquise par les Anglais.

Quelle mission sublime pour une héroïne de chasser l'étranger, de rendre à la France la paix in-

térieure sous l'autorité royale ! Cet objectif avait
pris dans son entendement les proportions d'une
idée fixe occupant son esprit jour et nuit. Telle est
l'étiologie de ses hallucinations.

Celles-ci débutèrent vers l'âge de la nubilité et
affectèrent ses principaux sens :

Ses hallucinations auditives étaient des communications qu'elle recevait de ses voix. Elles
étaient des encouragements et des conseils con-
formes aux mouvements intérieurs qui accompa-
gnent la volonté ou des révélations par lesquelles
il lui arrivait tantôt de percevoir des objets hors de
la portée de ses sens, tantôt de discerner et d'annon-
cer l'avenir (1).

Du côté de la vision, elle apercevait les archanges
Gabriel et saint Michel entourés d'une légion
d'anges. Elle répondait dans son interrogatoire
qu'elle les avait vus « avec les yeux de son corps »,
suivant son expression.

Les hallucinations du toucher et de l'odorat
étaient aussi actives que celles de l'ouïe et de la vue.
Elle affirmait qu'elle avait non seulement vu sainte
Marguerite et sainte Catherine, mais qu'elle les
avait embrassées toutes les deux : *amplexata est
ambas.* Elle reconnaissait le sexe des personnages
de ses visions au son de leur voix : *ad voces ipso-
rum* (2).

(1) QUICHERAT, *Aperçus sur l'histoire de Jeanne d'Arc,*
d'après les documents les plus authentiques.
(2) *Procès de Jeanne d'Arc.*

Toutes ses hallucinations se résumaient dans le conseil de venir en France, de rendre au roi sa couronne et de libérer le territoire des armées étrangères.

Ses hallucinations étaient fréquentes, mais sans le caractère de continuité des hallucinations patho·logiques.

Elle était sujette aux extases.

Tous ceux qui l'ont approchée ont affirmé qu'elle jouissait de l'intégrité de sa raison ; elle était abso·lument indemne des superstitions de son époque. Elle avait un bon sens remarquable ; et pendant tout le cours de son procès, elle conserva, au dire de tous les témoins, sa présence d'esprit, sa mémoire et la sûreté de son jugement.

Elle était douée du don de prévision et de pro-phétie, comme certains sujets en état de somnam-bulisme, sous l'action d'influences extérieures in-telligentes, comme le pense M. de Rochas, d'après l'étude des principaux phénomènes de la psycholo-gie expérimentale :

« ce qui, d'ailleurs, ne doit pas nous étonner, dit-il, puisque la caractéristique de la force en jeu est pré-cisément de pouvoir être dirigée non plus par la matière mais ce qu'on appelle l'esprit (1). »

C'est ainsi que Jeanne fut avertie par ses voix, le 15 avril, qu'elle serait faite prisonnière avant la

____

(1) A. DE ROCHAS, *Les frontières de la science*, 1er s.

Saint-Jean, et tous les jours elle entendit la même prophétie, qui se réalisa à la date indiquée. Elle fut prise par les Bourguignons et livrée aux Anglais.

Jeanne « reconnut » Charles VII au milieu de tous les officiers qui l'entouraient. Elle lui répète la prière mentale qu'il venait de faire quelques instants avant son arrivée. Elle lui annonce qu'elle serait blessée le 7 juin, en opérant la délivrance d'Orléans, fait authentifié par la lettre de l'ambassadeur flamand, écrite le 12 avril et consignée dans les archives du pays, qui rapporte non seulement la prophétie, mais la manière dont elle devait s'accomplir.

Que l'on compare maintenant les hallucinations pathologiques continues des aliénés, des démoniaques, des hystéro-démonopathes et des théomanes, avec les hallucinations physiologiques de Jeanne d'Arc, qui n'altèrent en rien la puissance de toutes ses facultés intellectuelles... Et l'on devra convenir, en toute bonne foi, qu'il n'y a entre elles aucune analogie, quoiqu'on les désigne toutes sous le même mot, par pauvreté du langage.

Jeanne a bien vu, a bien entendu, a bien eu la sensation de l'odorat et du toucher, mais ces hallucinations étaient des perceptions déterminées par l'extériorisation de sa pensée, qui arrivaient consécutivement à son entendement par ses sens.

Cette interprétation est le corollaire naturel des

matérialisations obtenues avec l'aide des médiums,
matérialisations plus ou moins complètes, mais de
beaucoup supérieures dans les expériences de
W. Crookes voyant et touchant Katie King, et con-
versant avec elle.

Si l'on m'objecte que ce sont là des phénomènes
surnaturels que j'ai dénoncés comme des erreurs de
l'esprit humain, je dirai que ces erreurs étaient
créées uniquement par l'imagination et les suggestions, et qu'elles n'appartenaient pas à la physiologie positive. Je sais qu'il est facile, quand on ignore
volontairement ou involontairement une découverte scientifique, de la taxer d'absurde ; — mais
ma conviction est irréductible, parce qu'elle repose
sur des faits perçus par des hommes supérieurs
dont on n'a pas le droit de douter de la probité
scientifique.

D'ailleurs, toutes les acquisitions de la science,
anciennes et nouvelles, sont sujettes à revision.
Claude Bernard l'a suffisamment fait comprendre
en écrivant :

« Une découverte est, en général, un rapport imprévu et
qui ne se trouve pas compris dans la théorie, car sans
cela, il serait prévu... Il faut garder sa liberté d'esprit
et croire que dans la nature, l'absurde suivant nos
théories n'est pas toujours impossible.

CHAPITRE XI

Conclusions.

Nous avons constaté, d'après des documents remontant à la plus haute antiquité, la genèse des grandes croyances religieuses reposant toujours sur le merveilleux et le fanatisme sacerdotal, en contradiction avec la vérité philosophique positive. Ces croyances se sont perpétuées dans les civilisations successives par la contagion et les idées suggérées, avec les équivalents les plus élevés de l'hérédité, — et par cela même par l'influence prépondérante de l'inconscient.

Au Moyen Age et pendant une durée de quinze siècles, nous avons montré la puissance de ces mêmes idées suggérées et de la contagion dans les couvents de nonnes et dans toutes les ambiances où s'était développée la

14

religion diabolique. Les complications de certains états nerveux complexes, d'hallucinations, de délire, de convulsions, de symptômes d'hystérie tenaient à des causes particulières que nous avons fait connaître, mais tous ces phénomènes ne peuvent être attribués encore qu'à la prépondérance de la vie médullaire sur la vie cérébrale, comme les données de la physiologie moderne nous permettent de le démontrer.

Dans la période contemporaine, nous assistons, depuis plus d'un siècle, au développement d'autres grandes croyances d'une nature différente, mais présentant comme aux époques antérieures un cachet nettement religieux, et une tendance à remplacer les premières : matérialisme, démocratie, socialisme... Ces croyances s'implantent dans l'esprit des générations nouvelles par les mêmes moyens psychologiques que les précédentes, la suggestion, la contagion, la supériorité de l'inconscient sur la volonté.

Les partis politiques, les syndicats, les foules électorales, les assemblées parlementaires se composent généralement d'intellectuels et de primaires. Ils ont, comme toutes les collectivités, une psychologie à eux, indépendante de

la mentalité de chaque unité, — mentalité qui
s'évanouit fatalement à la porte d'une réunion
publique ou privée. Car à peine sont-ils entrés,
que les assistants commencent à penser et agir
inconsciemment, faisant abstraction de leur
volonté personnelle et de la responsabilité de
leurs actes. Il suffit pour cela de quelques affirmations hautement accentuées à la tribune par
un rhéteur éloquent ou un homme résolu doué
d'une grande énergie. Les applaudissements
achèvent la suggestion.

L'observation psychologique est suffisante
pour permettre de se convaincre de cette question, mais c'est à la physiologie expérimentale qu'il faut demander une explication scientifique de ces phénomènes.

La psychologie a établi que toutes les fonctions de la vie inconsciente chez l'individu
sont indépendantes de la volition et par conséquent du cerveau, que les actes subconscients
peuvent également rester étrangers au « moi »
organisé et stable, que des actes intelligents
peuvent se manifester sans que la conscience
normale les perçoivent (1). Mais c'est princi-

(1) Dans ce cas, nous savons qu'une personnalité
nouvelle peut apparaître concurremment avec la per-

palement dans les collectivités que se manifestent les phénomènes de la vie inconsciente, — à ce point que Le Bon a pu dire que *les actes des foules sont beaucoup plus sous l'influence de la moelle épinière que sous celle du cerveau, les foules ressemblant en cela aux êtres primitifs.*

La physiologie du système nerveux vient corroborer les données psychologiques, par les faits expérimentaux des actes réflexes, résumés ainsi :

Une excitation trop faible pour produire l'acte réflexe sur un animal vivant est suffisante pour déterminer cet acte sur un animal décapité.

Cette augmentation de l'excitabilité de la moelle séparée de l'encéphale prouve qu'il existe dans celui-ci des centres nerveux modérateurs ou d'arrêt empêchant ou modifiant la production des réflexes. Ces centres nerveux modérateurs sont atteints de parésie dans les phénomènes hypnotiques, et de même sous l'influence de la suggestion, à l'état de

sonnalité primitive, comme on le constate dans l'hypnotisme.

veille (1). Cette parésie est démontrée par la puissance de la volonté d'empêcher ou de retarder certaines manifestations des réflexes, par une énergie plus grande, quand il y a suspension de l'action psychique, — par la diminution des réflexes, par les excitations sensitives périphériques devant exciter les centres nerveux modérateurs. Cette parésie des cellules de la substance corticale existe également dans le sommeil naturel, les actes réflexes présentant ainsi une grande analogie avec les actes réflexes observés chez les animaux auxquels on a pratiqué l'ablation des hémisphères.

De ces faits, le Dr Bernheim (2), professeur à la faculté de Nancy, en a conclu que :

« Il existe dans notre appareil nerveux cérébro-spinal un certain automatisme par lequel nous accomplissons, à notre insu et sans le vouloir, les actes les plus complexes, par lequel nous subissons, dans une certaine mesure, les ordres qui nous sont formulés, les mouvements qui nous sont communiqués, les illusions sensorielles qui nous sont suggérées...

Nos erreurs, ajoute-t-il, nos illusions, nos hallu-

(1) Note 7 (Appendice).
(2) H. Bernheim, *De la suggestion*, O. Dion., édit.

cinations ne sont pas toutes spontanées, nées en nous-mêmes, mémoratives ou consécutives à une impression sensorielle défectueuse ; elles peuvent nous être suggérées par d'autres personnes ; notre cerveau peut les accepter sans contrôle. »

Cet automatisme dans la vie habituelle dépendant des actes réflexes vient ainsi expliquer beaucoup de phénomènes de la psychologie observés dans les collectivités humaines, la contagion des idées suggérées, la crédulité à toutes les légendes, à tous les mythes, aux croyances les plus aveugles.

Cette crédulité des « foules psychologiques », suivant l'expression de Le Bon, est absolument semblable à celle des sujets hypnotisés. Ceux-ci sont le jouet de toutes les activités inconscientes, comme les sujets composant les collectivités. C'est le même processus psychologique.

Cet état d'hypnose, chez les uns comme chez les autres, persiste jusqu'à ce que les hémisphères aient repris entièrement leurs fonctions. Mais dans l'intervalle, il y a la période des rêves pendant laquelle les idées et les images surviennent plus ou moins fugaces et incohérentes, jusqu'à ce que le réveil physiologique y mette fin, ce qui n'arrive cependant pas toujours. Car, chez tous ces sujets on

peut observer des suggestions post-hypno-
tiques; et, dans certains cas pathologiques, la
persistance d'hallucinations oniriques, pouvant les inciter à des actes insensés.

Comme conclusion dernière, nous devons
faire observer, une fois encore, que, dans cette
période d'automatisme de nos sujets (1), si la
puissance de l'inconscient est d'autant plus
grande que la disparition de la vie cérébrale et
la prédominance de la vie médullaire sont
plus accentuées, il faut tenir compte de l'état
plus ou moins complet d'inhibition du cerveau et de l'état de dynamogénie de la moelle.

Devant cette puissance de l'inconscient, en
réfléchissant à tous ces phénomènes dans lesquels la volonté humaine joue un rôle si se-
condaire, on arrive à se demander si c'est une
erreur de la philosophie de nous attribuer une
raison indépendante, des idées individuelles acquises par nos seuls efforts ! N'aurions-nous
donc pour unique patrimoine psychique que les
idées, les jugements, les pensées qui nous
viennent de nos ancêtres, de notre race, de la
collectivité ?...

(1) Appendice (note 8).

CHAPITRE XII

Appendice.

NOTE I

La Zend-Avasta est l'ensemble des livres sacrés mazdéens, composé de vingt-et-une parties ou *nasks*, dont les principales sont : le *vendidad* comprenant les prescriptions religieuses et la cosmogonie ; les *gâsthâs* où sont formulées les pures doctrines mazdéennes ; les *yasths* hymnes en l'honneur des divinités bienfaisantes ; les *nyahihs* dédiés à Mithra, au soleil, à la lune, au feu ; les *gâhs* se rapportant aux génies, le *vispered* partie liturgique ; la *yescht* traitant des lois de l'hygiène individuelle et publique, de la nécessité des ablutions fréquentes, des avantages des exercices physiques, d'une nourriture saine, des inhumations profondes, des plantations nombreuses d'arbres au point de vu de l'assainissement, des préceptes contre les impuretés et le libertinage, de l'éloignement des lépreux etc.

Zoroastre voulut joindre à l'autorité du chef d'Etat l'autorité sacerdotale ; il introduisit, dans ce but, le merveilleux dans ses lois. Il enseigna que les maladies étaient provoquées par des esprits malfaisants ; il faisait soigner les malades à l'aide de pratiques superstitieuses, le prêtre étant ainsi doublé du médecin.

Les livres du Zend-Avasta, qui sont encore entre les mains des Guèbres et des Parsis, montrent combien Zoroastre attachait de prix aux prescriptions de l'hygiène physique et morale, qui furent pour la race iranienne la raison de sa puissance et du haut degré de civilisation qu'elle arriva rapidement à atteindre.

NOTE II

VISIBILITÉ DES EFFLUVES MAGNÉTIQUES. RÉPONSE A L'ACCUSATION D'HALLUCINÉS DONNÉS AUX EXPÉRIMENTATEURS AFFIRMANT LA VISIBILITÉ DES EFFLUVES MAGNÉTIQUES (*Phénomènes psychiques*, Dr J. Maxwell).

« On ne peut, par définition, obtenir les curieuses lueurs que je vais décrire, sans une obscurité complète. Elles sont en général très faibles et ne

paraissent ordinairement qu'à la limite de la visibilité.

« Je commencerai cependant par signaler un
phénomène assez curieux, qui est très facilement
observable. Je ne suis pas très persuadé de sa réalité objective, mais je le signalerai cependant en
indiquant les raisons pour lesquelles je crois devoir
le faire.

« Un certain tour de main est nécessaire pour le
mettre en évidence : il est utile de procéder de la
manière suivante :

1° Se placer en face de la source de lumière autant que possible ;

2° Mettre entre soi et la source lumineuse, lampe
ou fenêtre, un objet foncé ou mat. Il ne faut pas
le placer comme un écran, entre la lumière et les
opérateurs. Il faut simplement le placer entre les
expérimentateurs et, par exemple, la fenêtre. Le
moyen le plus commode est de rouler un fauteuil
tendu de velours foncé de manière à faire présenter
le dos du fauteuil ;

3° Présenter ses mains, la face palmaire tournée
vers la poitrine, de manière à les projeter sur le
fond sombre préparé. Il faut écarter légèrement les
doigts étendus de la main ; on rapproche ensuite
les mains de façon à ce que les extrémités des doigts
se touchent et on écarte très lentement les mains
en tenant toujours les doigts légèrement en extension ;

4° On fait placer derrière soi la personne avec

laquelle on veut expérimenter de telle sorte que sa tête soit à peu près au niveau de la tête de l'opérateur, et dans une position à peu près normale au milieu du plan qu'occupent les mains.

« Dans ces conditions, sept ou huit personnes sur dix verront, quand les doigts s'écartent, une sorte de buée grisâtre en réunir les extrémités d'une main à l'autre. Il faut avoir grand soin de ne pas prévenir la personne avec laquelle on expérimente de ce qu'elle doit voir, car on vicierait l'expérience en y introduisant un élément suggestif ou imaginatif.

« J'ai dit que les trois quarts des personnes avec qui j'ai expérimenté apercevaient une légère buée aller de l'extrémité d'un doigt à celle du doigt symétrique de l'autre main ou même à l'extrémité d'un autre doigt de cette main. Je perçois même très bien cette impression et je ne puis que la comparer à la fumée de cigarette exhalée de la bouche. C'est la même couleur grise, la même apparence, mais avec beaucoup plus de ténuité. C'est ordinairement de cette manière que la plupart des gens la voient, mais j'en ai rencontré un certain nombre que lui trouvaient une coloration différente. Les personnes qui voient l'effluve coloré sont en général douées de facultés psychiques : je n'ai pu arriver à des conclusions certaines sur ce point, mais j'ai quelques raisons de croire que la perception colorée de ce que, faute d'autres termes, j'appelle l' « effluve digital » indique un tempéra-

ment très psychique. Un jeune médecin, médium
très remarquable le voit *rouge*, c'est le seul qui
l'ait perçu de cette couleur. J'ai trouvé deux personnes qui le voient *jaune;* j'ai bien des raisons
de penser que l'une d'elles est un médium ; mais il
refuse d'expérimenter et déclare, *a priori*, que les
phénomènes psychiques dont je m'occupe sont « de
la blague » pour employer son expression familière.
L'autre était un magistrat éminent. J'ai trouvé un
certain nombre de personnes qui le voient bleu.
Etant donné le nombre des expériences que j'ai
faites, je compte que sur 300 personnes de l'un et
l'autre sexe, 240 à 250 perçoivent l'effluve, 2 à 3
pour 100 voient le coloré en bleu ; j'en ai trouvé
26 voyant jaune, 1 le voyant rouge.

« Je n'ai pas remarqué que la couleur de l'effluve
de la main droite leur parût différer de celle de la
main gauche ; il est vrai que je redoute tellement
la possibilité de la suggestion, que je ne pose que
des questions incapables de provoquer une réponse
déterminée. Je n'ai donc pas provoqué d'explication sur la différence possible des colorations : mais
je crois qu'elle m'eût été indiquée si elle avait été
perçue.

« Habituellement, l'effluve paraît réunir entre
elles les extrémités des doigts symétriques. Il n'en
est pas toujours ainsi cependant. Souvent deux ou
trois effluves digitaux convergent vers un des
doigts de la main opposée au lieu de réunir les
doigts symétriques.

« J'ai remarqué que les conditions météorologiques et les variations de la température avaient une certaine influence sur la visibilité des effluves. Lorsqu'il fait froid, ils sont très peu nets. Je parle de la température ambiante de l'appartement. De même, lorsque le temps est mou et pluvieux l'effluve est faible. Il m'a paru avoir un maximum d'intensité en été, quand la température est très chaude et spécialement les jours d'orage. Quand le temps est très orageux, l'effluve est épais et très visible pour moi et pour les personnes à qui je le fais voir. Lorsque l'orage a éclaté, son intensité décroît.

« Il varie aussi suivant les personnes. Certaines gens ont un effluve plus visible que certains autres. Je n'ai pu saisir aucune relation entre le sexe, l'âge, le tempérament des différentes personnes avec qui j'ai expérimenté et l'apparence de l'effluve ; une relation paraît exister au contraire entre l'état de santé ou de fatigue et l'émission de cette buée ; elle est très peu visible quand le sujet qui l'émet est fatigué ou malade.

« Telles sont les principales remarques que l'observation de ce curieux phénomène m'a permis de faire. »

NOTE III

L'inhibition et la dynamogénie appartiennent à nombre de parties du système nerveux, et elles

peuvent être mises en jeu soit d'une manière directe,
soit par action réflexe.

Exemple : Arrêt du cœur sous l'influence de
l'excitation des ganglions sympathiques abdominaux.

Arrêt de la respiration par irritation des nerfs
laryngés.

Inhibition de l'activité mentale par simple piqûre
du bulbe.

BROWN-SÉQUARD

NOTE IV

PSYCHOSES DE L'INANITION. E. Régis.

Les troubles psychiques de l'inanition sur les
éléments anatomiques du système nerveux ont en
réalité sollicité depuis longtemps l'attention. Il
suffit de rappeler les travaux de Becquet sur le
délire d'inanition dans les maladies (1866), les
recherches de Chossat sur l'inanition de Monti sur
l'altération du système nerveux dans l'inanition
(1895), de Karl Schaffer sur l'altération des cellules
nerveuses dans l'inanition, l'auto-observation de
Weygandt, enfin le récent travail de Mathieu et
Roux (1905). Je mentionne surtout la thèse de mon
ancien élève Lassignardie sur l'*état mental dans*

l'abstinence (1897), dans laquelle, laissant de côté
le délire d'inanition dans les maladies où sa patho-
génie est complexe, il étudie de façon précise les
troubles psychiques dans l'abstinence, soit volontaire, comme celle des grands mystiques ou des
grands jeûneurs (Succi, Merlatti), soit surtout in-
volontaire, comme celle des grands naufragés.

Au récit déjà connu de Savigny, il a pu ajouter
un document clinique important : la description
inédite des troubles psychiques survenus chez les
naufragés de la *Ville de Saint-Nazaire*, par le
médecin du bord, le Dr Maire, ancien interne des
asiles d'aliénés.

Du rapprochement de tous les faits, de toutes les
observations, Lassignardie a tiré des considérations
générales et des conclusions pleines d'intérêt, se
résumant en ceci : que les troubles psychiques de
l'inanition sont exactement semblables à ceux des
intoxications.

A un premier degré, c'est, après une angoisse
passagère, une exaltation curieuse de lucidité, de la
mémoire, de l'imagination ; puis, des modifications
de caractère, de la méfiance, de l'égoïsme, de l'irri-
tabilité, de l'excitation, de l'obnubilation intellectuelle, de l'aboulie, de l'impulsivité ; enfin du
mauvais sommeil, des rêves, des cauchemars, des
illusions, des hallucinations, de l'onirisme délirant,
se continuant le jour dans certains cas.

Au degré le plus marqué, la *confusion mentale*
est extrême et s'accompagne soit de *torpeur*, de

stupidité, soit le plus souvent d'un *délire* constant, violent, avec *hallucinations* terrifiantes et *impulsions* graves et dangereuses, qui dure parfois jusqu'à la mort.

Les hallucinations, telles qu'elles ont été observées par Savigny et par Maire, ont un caractère fantasmagorique, imagé, extatique, comme celles des mystiques.

Elles peuvent être pénibles, terrifiantes et consister en combats, batailles, égorgements, apparitions de fantômes, de brigands, de démons tentateurs. Elles sont habituellement agréables, composées de tableaux représentant le ciel, des personnages célestes, des décors de féeries, les beautés de la nature, en particulier les beautés féminines ou des festins magnifiques avec les mets les plus exquis. Il peut s'y joindre des *illusions de l'ouïe*, mais elles sont rares et consistent en mots, chuchotements, paroles prononcées à voix basse, quelquefois voix célestes.

Parfois, la raison est encore suffisamment conservée pour que le sujet se rende compte qu'il est le jouet de visions chimériques, et il peut même les provoquer en fixant les nuages du ciel et les brouillards du crépuscule, ou bien en fermant les yeux, et se complaire dans leur contemplation. D'autres fois, il les subit malgré lui et, devenu complètement dupe, les prend pour des réalités.

A un moment, dit le capitaine Nicolaï, de la *Ville de Saint-Nazaire*, je n'avais plus autour de moi que des hallucinés qui voyaient dans le ciel, dans les nuages, des choses extraordinaires. Il y en avait un qui se croyait au théâtre et qui contemplait un ballet. Il envoyait des baisers aux danseuses. Par quel mystère, en ces cas là, les nuages affectaient-ils la forme de femmes ? Cela dépasse vraiment toute conception. Moi-même, bien qu'ayant toute ma raison, je voyais distinctement dans le ciel une femme qui me tendait les bras et qui était belle. En ces hallucinations, il y en a qui ont subi des crises terribles. Sept sont morts fous... »

A côté de la vision appétissante de mets et de repas, vision malheureusement tantalesque, qui s'évanouit au dernier moment et qui se retrouve aussi dans le délire d'inanition des maladies, on note aussi fréquemment, dans les hallucinations inanitionnelles des naufragés, la vision des objets et lieux familiers, ou même le défilé panoramique des endroits vus et des événements vécus dans l'existence antérieure, la vision obstinément renouvelée du sauvetage et du salut survenant de mille façons diverses, enfin la simultanéité des mêmes visions, observée par Savigny et Maire chez plusieurs naufragés de la *Méduse* ou de la *Ville de Saint-Nazaire.*

Signalons encore la sensation de l'âme se séparant du corps et s'élevant dans les airs, ainsi que cela se produit dans certaines intoxications, notamment dans le haschischisme. Le Dr Maire l'a plusieurs fois éprouvé lui-même : « Ma voix ne semblait plus m'appartenir. Il se produisait là un dédoublement de la personne ; l'âme ne tenait plus qu'à un fil, l'âme s'essayait à quitter la carcasse... et pour ce que valait la carcasse en ce moment !... J'avais des sensations éthérées, agréables. J'étais en quelque sorte dédoublé. Mon âme flottait sereine au-dessus de ma personne et j'assistais impassible à nos désastres ».

NOTE V

HYPEREXCITABILITÉ PSYCHIQUE. SUGGESTION

D'après Binet et Féré, par les suggestions, on introduit et on renforce des idées dans l'esprit des sujets prédisposés par une *hyperexcitabilité psychique*. Et consécutivement ces suggestions produisent soit un phénomène actif, une douleur, un acte, une hallucination, soit un phénomène paralytique ou une amnésie.

NOTE VI

OPINIONS ET JUGEMENTS SUR JEANNE D'ARC

Par-dessus tout, elle était simple ; elle resta toujours si près de la nature que ceux qui ne croient

qu'à la nature sourient à cette fleur des champs, à
cette fraîche tige sauvage et parfumée, en telle sorte
qu'elle fait encore les délices de ceux qui, dans leur
philosophie, s'en tiennent aux apparences et crai-
gnent que tout ne soit illusion.

La loyauté avec laquelle elle servit son roi va
droit au cœur de ceux qui gardent le deuil de l'ancienne monarchie. Elle vécut, s'arma, mourut pour
la France, et c'est ce qui nous la rend chère à tous
indistinctement. Etant d'humble naissance et pauvre, elle fit ce que n'avaient pu faire les riches et
les grands. Dans la gloire et dans la victoire, elle
aima les humbles comme des frères ; par là, elle
nous est douce et sacrée. Notre démocratie moderne ne peut que vénérer la mémoire de celle que
a dit :

— J'ai été envoyée pour la consolation des pauvres et des indigents. *Dicens quod erat misa pro
consolatione pauperum et indigentium.*

Ce n'est pas tout encore. Il y avait en elle des
contrastes charmants qui la rendent aimable à
tous ; elle était guerrière et elle était douce ; *elle
était illuminée et elle était sensée;* c'était une
fille du peuple et c'était un bon chevalier ; dans
cette sainte féerie qui est son histoire, la bergère
se change en un beau saint Michel. Comme Jésus
et saint François d'Assise, ses patrons, elle fait des-
cendre le ciel sur la terre, elle apporte au monde le
rêve de l'innocence supérieure au mal et de la justice triomphante. Elle est la préférée des croyants

et des simples, des artistes épris de symboles, des délicats, qui recherchent la forme achevée et parfaite.

ANATOLE FRANCE,

de l'Académie française.

Si tu ressuscitais, ô ma bonne Lorraine,
Tu conduirais au feu par les monts, dans la plaine,
Nos jeunes bataillons vengeurs de leurs aînés,
Et, bravant les périls contre toi déchaînés,
Tu te rappellerais que Metz était Pucelle
Et qu'elle attend de toi sa liberté nouvelle.
Délivre-la d'un joug sous lequel on languit,
Rends-lui son passé pur et change en jour sa nuit.

ALFRED MÉZIÈRES

de l'Académie française,

L'essentiel, c'est que le souvenir de Jeanne, vieux de cinq siècles, est plus vivant que jamais parmi nous, c'est qu'un véritable culte pour elle s'établit dans d'innombrables cœurs. Et, au milieu des tristesses du temps présent, quand se manifestent autour de nous tant de signes de décrépitude, c'est une grande consolation de constater que l'esprit public reste, du moins, fidèle à la plus belle et la plus pure de nos religions nationales. Souvenir de Jeanne, veille sur la France. Redis-nous qu'il ne faut jamais oublier l'outrage, subir le joug, accepter la conquête. Inspire-nous la confiance et l'espoir. Promets-nous qu'un orage purifiant se lèvera bientôt pour balayer les nuages de corruption, de crime et de mauvaises chimères qui obscurcissent notre ciel. Conserve en nous l'amour instinctif, la piété filiale pour le pays ; et rappelle-nous, chaque jour, à toute heure, que, quand même nous tomberions au dernier degré de l'esclavage, il pourrait suffire, pour notre relèvement et notre délivrance, d'une enfant avec une foi dans le cœur et une épée à la main.

FRANÇOIS COPPÉE,
de l'Académie française.

Tu règnes sur les cœurs par une royauté
Que pourrait t'envier la trop fameuse Hélène,
Bergère ! Sous l'armure et le sarrau de laine,
Plus forte par l'honneur qu'elle par la beauté,
Et nulle vierge au cœur n'a su, depuis Marie,
Inspirer un amour sacré dans plus de foi,
Plus tendre et plus pieux que le nôtre pour toi,
O Jeanne, car t'aimer c'est aimer la patrie !

SULLY PRUDHOMME,
de l'Académie française.

Les pouvoirs qui s'étaient conjurés contre la mission de Jeanne ont longtemps exploité sa mémoire. Une pâle et froide image avait remplacé la sublime héroïne qui sauva la France. Certaines opinions, dans l'intérêt de théories rétrospectives, peuvent regretter cette Jeanne d'Arc de convention ; mais elles essayeront en vain de déplacer le débat, de s'en prendre aux écrivains qui ne font que constater des faits incontestables. Ce n'est la faute de personne si la prodigieuse figure a brisé les cadres où l'on s'efforçait de la tenir enfermée. Il faudra bien qu'on se résigne à la voir telle que Dieu l'avait faite.

Qu'on se rassure, au reste : Jeanne d'Arc, mieux connue, n'échappe pas à une étroite interprétation pour retomber sous un autre symbole exclusif; aucune doctrine, aucune forme, aucune suite n'abordera Celle qui n'a pas été, comme les autres héros de la Patrie, l'expression d'une phase particulière de notre histoire, mais le Messie de la nationalité et l'âme même de la France. Dans l'indépendance et la simplicité divine de son inspiration, elle dépasse toutes les combinaisons de la pensée humaine, Celle qui mourut plutôt que de soumettre aux hommes la *charge* qu'elle avait reçue du ciel,

Henri Martin.

NOTE VII

OPINION DE BROWN-SÉQUARD SUR L'HYPNOTISME

L'acte initial lui-même à l'aide duquel un individu est jeté dans l'hypnotisme n'est qu'une irritation *périphérique,* — d'un sens ou de la peau; ou *centrale,* — sous l'influence d'une idée ou d'une émotion, qui produit une diminution ou une augmentation de puissance de certains points de l'encéphale, de la moelle épinière ou d'autres parties. L'hypnotisme n'est rien que l'état très complexe de perte ou d'augmentation d'énergie dans lequel le système nerveux et d'autres organes sont jetés sous l'influence de l'irritation première périphérique ou centrale.

Essentiellement donc l'hypnotisme n'est qu'un effet ou un ensemble d'actes d'inhibition ou de dynamogénie (*Gaz. hebd.*)

OPINION DE BABINSKI

L'hypnotisme est un état psychique rendant le sujet susceptible de subir la suggestion d'autrui.

Il se manifeste des phénomènes que la suggestion fait naître, que la persuasion fait disparaître et qui sont identiques aux accidents hystériques.

NOTE VIII

Cet automatisme qui préside, sans le concours de notre volonté, à nos actes les plus complexes, paraît se rattacher au dogme du déterminisme.

On a admis que dans les sciences positives les lois de la nature étant universelles et constantes, la production de chaque phénomène est invariable-

ment déterminée par des conditions définies qui
sont ses causes prochaines. En est-il de même en
philosophie et en psychologie ? Alors, comme l'affirme Leibnitz « tout serait certain et déterminé
par avance dans l'homme, comme partout ailleurs,
et l'âme serait une espèce d'automate spirituel. »

Aprés Littré, qui a soutenu cette thèse dans le
domaine de la physiologie, Vulpian a étendu à la
volonté la théorie des actions réflexes, en la for-
mulant ainsi : « A ce point de vue, les volitions,
ainsi que l'admettent les physiologistes modernes,
peuvent et doivent être envisagées comme des phénomènes d'action réflexe cérébrale. »

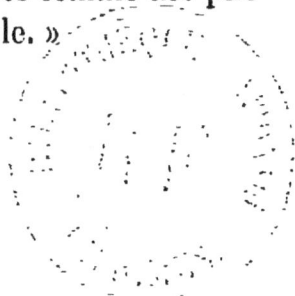

TABLE DES MATIÈRES

—

CHAPITRE VI

HYSTÉRO-DÉMONOPATHIE

CHAPITRE VII

THÉOMANIE

CHAPITRE X

FAITS DE MÉDIUMNITÉ EN DEHORS DE LA FOLIE RELIGIEUSE

CHAPITRE XI

CHAPITRE XII

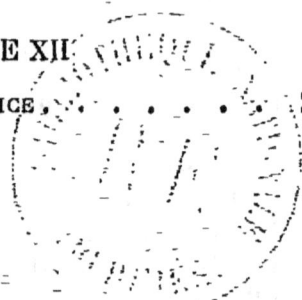

SAINT-AMAND (CHER). — IMPRIMERIE BUSSIÈRE

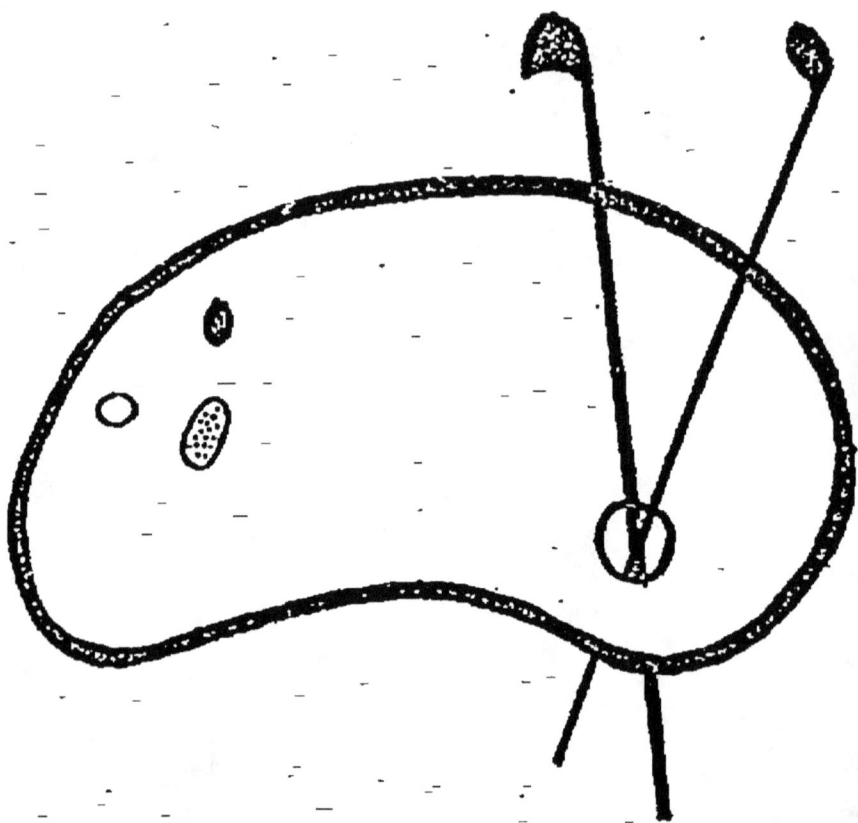

ORIGINAL EN COULEUR
NF Z 43-120-8